KiWi 264

Über das Buch
Franz Herre, Autor zahlreicher historischer Bücher und vor allem
Biographien, lädt in diesem Band seine Leser zu historischen Spazier-
gängen ein. Sein Ziel ist Wien, eine Stadt prall voller Geschichte und
Geschichten. Dabei führt er uns zu den Stein gewordenen Zeugnissen:
Die Stephanskirche, das Belvedere, Schloß Schönbrunn, die Hofburg,
die Ringstraße, die Kapuzinergruft und den Zentralfriedhof. Alle ste-
hen sie für ein Stück Wiener und österreichischer Geschichte.

»Herre ist eine Art Magier, der fähig ist, vier Knochen zu nehmen und
eine Handvoll Staub und ihnen Leben zu geben, Körper und Atem.«

Indro Montanelli

Der Autor
Franz Herre, geboren 1926, promovierter Historiker, 1962–1981
Chefredakteur der *Deutschen Welle*. Beiträge für Rundfunk, Fern-
sehen und Zeitschriften.

Veröffentlichungen bei k&w
Anno 70/71, 1970. *Freiherr vom Stein*, 1973. *Amerikanische Revo-
lution*, 1976. *Franz Joseph I.*, 1978. *Radetzky*, 1981. *Metternich*, 1983.
Wilhelm I., 1986. *Bismarck*, 1991.

Franz Herre

Wien

Historische Spaziergänge

Kiepenheuer & Witsch

© 1992 by Verlag Kiepenheuer & Witsch, Köln
Alle Rechte vorbehalten. Kein Teil des Werkes darf in irgendeiner Form
(durch Fotografie, Mikrofilm oder ein anderes Verfahren) ohne schriftliche
Genehmigung des Verlages reproduziert oder unter Verwendung
elektronischer Systeme verarbeitet, vervielfältigt oder verbreitet werden
Umschlag Manfred Schulz, Köln
Umschlagfoto Canaletto, Blick auf Wien vom
Nordwestturm des Oberen Belvedere, um 1760
Gesamtherstellung Clausen & Bosse, Leck
ISBN 3 462 02181 8

Inhalt

Die Uhr am Hohen Markt

Am Hohen Markt zeigt eine Kunstuhr Phasen der Wiener Geschichte an. Im Laufe von zwölf Stunden ziehen zwölf Figuren vorbei: der Römer Marc Aurel, der Franke Karl der Große, der Babenberger Leopold VI., der Minnesänger Walther von der Vogelweide, der Habsburger Rudolf I., Dombaumeister Hans Puchsbaum, Kaiser Maximilian I., Bürgermeister Liebenberg und Graf Starhemberg, die Wien gegen die Türken verteidigten, Prinz Eugen von Savoyen, Kaiserin Maria Theresia und Joseph Haydn.

Eine historische Prozession ist auf der Kunstuhr zu sehen, zu einer Promenade in die Vergangenheit lädt dieses Buch ein. Sie führt – zwischen Stephanskirche und Schönbrunn – zu wichtigen Schauplätzen, stellt – vom Edlen Ritter bis Kaiser Franz Joseph – prägende Persönlichkeiten vor, erschließt Geschichte im Spazierengehen.

Kreuz und Adler
Die Stephanskirche

Vierhundertachtzehn Stufen führen auf den Turm der Stephanskirche. Der Rundblick lohnt den Aufstieg, vor allem am Abend. Die Mondsichel steht wie der türkische Halbmond über Wien, Altstadthäuser drängen sich schutzsuchend an die Kathedrale, die hell erleuchtete Ringstraße markiert die Linie der alten Bastionen, und die Lichter der Vorstädte glimmen wie Lagerfeuer von Belagerern. Der langsam, aber stetig sich drehende Laternenkranz des Riesenrades erinnert daran, daß alles Gewesene dahingegangen und alles Künftige schon dagewesen ist.

Im Halbdunkel liegt das einstige Standquartier römischer Legionäre, das Viertel um den Hohen Markt. Vindobona, die Urzelle Wiens, war ein befestigtes Militärlager in der Nordostecke des Römischen Reiches, in der Grenzprovinz Pannonien. Am Anfang und noch lange und oft war Wien eine Grenzstadt. Die Römer mußten sich der Markomannen erwehren. Auch dem »Philosophen auf dem Kaiserthron«, Marc Aurel, blieb der Kampf nicht erspart; im Jahre 180 nach Christus starb er in der Grenzfestung Vindobona.

Der innerlich zerrissene und nach außen hin gelassene Stoiker wurde von Heimito von Doderer als der erste namhafte Wiener bezeichnet: »Da wir heutzutage, jetzt noch immer, der Welt des Mittelmeeres angehören, so wie einst Pannonien und die anderen österreichischen Länder als alte Provinzen durch die Römer der Welt des Mittelmeeres angehörten, zählen alle Elemente mit dazu, auch die zeitlich fernsten. Summa: auch Marcus Aurelius.«

Steine der römischen Stadtmauer wurden in die erste Stephanskirche eingefügt. Sie wurde lange nach den Stürmen der Hunnen, Awaren und Ungarn, der bairischen Kolonisation und kurz nach der ersten Erwähnung Wiens als Stadt errichtet, im Jahre 1147 als Pfarrkirche des Bistums Passau dem Diözesanpatron Stephanus geweiht. Ein romanischer Bau, eine basilikale Anlage war entstanden, eine Art Wehrkirche, wie es dem Charakter der Grenzstadt entsprach.

Damals regierten noch die Babenberger, die seit 976 Markgrafen der Ostmark waren und 1156 Herzöge von Österreich wurden. Heinrich Jasomirgott schlug sein Hoflager in Wien auf. Weit und breit wurde vom österreichischen »Artushof«, vom »wonniglichen Hof« gesprochen. Er zog fahrende Ritter und Minnesänger an; ein Magnet waren die fürstlichen Honorare, die auch Walther von der Vogelweide, der um 1190 kam, gerne einstrich:

»Ob jemand leben mag, der sag,
daß größere Gabe je geschah,
als wir beim Fest zu Wien empfangen haben?

Man sah den jungen Fürsten geben,
als woll' er nun nicht länger leben:
da sah man Wunder viel geschehn von Gaben.

Man gab da nicht bei dreißig Pfunden,
nein, Silber, gleich als wär's gefunden,
und reiche Kleider gab man hin...«

Sängerlob genügte den Babenbergern nicht; sie wollten sich auch von Steinen preisen lassen. Mit einem vollständigen Umbau der Stephanskirche wurde begonnen. Sie erhielt eine imposante Westfront, die beiden Heidentürme, das Riesentor – noch romanisch und schon gotisch, weil Österreicher bereits damals, ehe sie als Wappentier den Doppeladler wählten, in zwei Richtungen zu schauen beliebten, rückwärts und vorwärts.

König Ottokar II. von Böhmen, der Österreich nach dem Tod des 1246 im Kampf gegen Ungarn gefallenen letzten Babenbergers gewonnen hatte, sorgte für die Vollendung der zweiten romanischen Stephanskirche. In sie zog 1278 Rudolf I. von Habsburg ein, der deutsche König, der den böh-

mischen Bauherrn besiegt und Österreich für sein Haus er-
obert hatte. Ein Hofpoet schilderte die Ankunft des neuen
Herrschers:

»Viel Glocken hörte man da läuten,
man sah an den Leuten,
daß sie waren freudenvoll,
wie man billig soll
bei des Landesherren Kunft
nach so großer Siegenunft.
Als er so empfangen ward,
Kunig Rudolfen, an der Vart,
folgte die große Menge dann
in das Münster, das Sankt Stephan
ist geweihet zu Ehren.
Da dankte er unserem Herren
der Gnade, die ihm war geschehen.«

Der aus der Südwestecke Deutschlands kommende Rudolf von
Habsburg, der in Frankfurt zum deutschen König gewählt und
in Aachen gekrönt worden war, verlieh Österreich und die
Steiermark an seine Söhne Albrecht und Rudolf. Seine letzte
Ruhe fand er nicht in Wien, sondern in Speyer. In der Stephanskirche erinnert an den Gründer der habsburgischen
Hausmacht ein Fresko auf der Herrscherempore: Eine Hand
aus den Wolken berührt die Krone des stehenden Rudolf I.,
und dieser gibt den Segen an einen vor ihm knieenden Sohn
weiter: Das Gottesgnadentum des Erbmonarchen hat sinnfälli-
gen Ausdruck gefunden.
Die Wiener sahen den Einzug der Habsburger, die 1278 kamen
und bis 1918 blieben, mit gemischten Gefühlen. Die Bürger

ahnten, daß ihnen die Herrschaft dieser Dynastie nicht nur Vorteile bringen würde. Als es mit den Babenbergern zu Ende gegangen und der Böhme Ottokar noch nicht Stadtherr geworden war, hatten sie für kurze Zeit die Vorrechte einer reichsunmittelbaren Stadt besessen. Nun waren sie wieder einem Landesherrn untertan und blieben es für viele Jahrhunderte. Immerhin bekamen sie die Genugtuung, daß die Habsburger schon bald in Erbbesitz der deutschen Königskrone und der mit ihr verbundenen römischen Kaiserkrone gelangten – und Wien im Glanze der Kaiserresidenz und Reichshauptstadt erstrahlte.

Der wirtschaftliche Aufstieg des Gemeinwesens hatte bereits unter den Babenbergern begonnen. Sie hatten ihm 1221 ein Stadt- und ein Stapelrecht verliehen. Als Handelsartikel waren verzeichnet: Honig, Hopfen, Eier, Lämmer, Ziegen, Käse, Obst, Schinken, Met, Bier und Wein, Textilprodukte aus den Niederlanden und Nordfrankreich, Heringe von der Nordseeküste. Ein Gemeinderat von 24 »weisen Bürgern«, verdienten und verdienenden Männern, war dem herzoglichen Richter an die Seite gestellt worden.

»Wer sich zu Wien nicht nähren kann, ist überall ein verlorner Mann«, hieß es. Das Fundament für das Wiener Leben war gelegt, eines angenehmen Lebens, wie es einem fahrenden Schüler schien:

»Die Stadt Wien ist gar glorios
und in der Art famos.
Sie ist in Österreich gelegen,
in einer Luft voll Segen,
an heiteren Flussesauen,
voll von Männern und Frauen,
ovidianisch minnigen und holden sinnigen.«

Mit dem heiligen Thomas von Aquin waren die Wiener der Meinung, daß die Gnade die Natur voraussetze und der reiche Gottessegen ein würdiges Gotteshaus. Gemeinsam mit dem Landesherrn bauten sie an der Stephanskirche weiter. Herzog Albrecht II. beanspruchte das Verdienst für sich allein, gab dem 1304 bis 1340 gebauten gotischen Hallenchor den Namen »Albertinischer Chor« und ließ sein Monogramm an einem Strebepfeiler anbringen.

Nicht allein zur höheren Ehre Gottes, auch zum Ruhme des Hauses Habsburg hatte die Stephanskirche zu dienen. Ihren Ausbau nahm Rudolf IV., von 1358 bis 1365 Herzog von Österreich, in die Hand, wie es sein Standbild am Frauentor zeigt: In der Rechten trägt der Gewappnete und Gekrönte das Kirchenmodell.

Rudolf IV., der Stifter, der Tirol gewann und die Universität in Wien gründete, legte den ersten Stein für den Erweiterungsbau, das Langhaus der Stephanskirche. Es entstanden das Frauentor und das Singertor, die mit den Statuen des Bauherrn und seiner Gemahlin verziert wurden. Beide bekamen ein Grabmal in dem von ihnen geliebten und geförderten Gotteshaus. Der Leichnam des mit 26 Jahren in Mailand verstorbenen Herzogs wurde in ein Tuch aus golddurchwirktem Seidenbrokat gehüllt, das aus Persien stammte, aus den Gefilden von Tausendundeinernacht, deren Glanz, wenn auch nicht deren Glauben, im lange zurückgebliebenen, nun aufgeblühten Abendland geschätzt wurde.

Nach dem Tode Rudolf des Stifters erhielt die Königskapelle der Stephanskirche farbige Glasfenster, auf denen habsburgische Herrscher mit den Insignien ihrer weltlichen Macht, Königskronen und Herzogshüten, Zeptern und Wappenschildern, dem Reichsadler wie den rot-weiß-roten Farben ihrer

Erblande zu bewundern waren. Heute sind sie im Historischen Museum der Stadt Wien zu betrachten – zur späten Genugtuung der Bürger, die so lange mitansehen mußten, wie das Gotteshaus dem Fürstentum als Repräsentationsbau zu dienen hatte.

Die Bürgerschaft finanzierte die Fertigstellung des Südturms. Im Jahre 1433 stand er, 136 und einen halben Meter hoch, in vollendeter Macht und Pracht über der Stadt und dem Land. Der Steffl, das Wahrzeichen von Wien, wurde zum Triumphzeichen Habsburgs: Am Turm wurden Statuen der Eltern und Schwiegereltern Rudolf des Stifters angebracht, die später in das Historische Museum der Stadt versetzt wurden, und auf die Spitze wurde schließlich der Doppeladler gesetzt, der alle Stürme der Geschichte überdauert hat.

Zum Triumphbogen der Kaiserherrschaft wurde das Riesentor umgedeutet, das – nach der Sinngebung durch fromme Baumeister und Bildhauer – zum Altare, in das Gottesreich hinführen sollte. Im Bogenfeld thront Christus. Der Weltenrichter mahnt den Menschen, an den Jüngsten Tag zu denken. Der Heiland verheißt Erlösung und der Himmelskönig segnet den Eingang in die Kirche, den Vorhof des Paradieses. Um zum Ziel zu gelangen, muß der Gläubige zwischen Sirenen und Drachen, dem Bereich der Dämonen hindurch. Schrecken jagt der Teufel ein, der einem Hanswurste die Schlinge um den Hals legt. Hoffnung schenken die Apostel und Evangelisten, die den Weg zum Heile weisen.

Der Habsburger Friedrich III., der 1452 in Rom vom Papst zum Kaiser gekrönt wurde, ließ am Riesentor einen bei einer Ausgrabung gefundenen Mammutknochen aufhängen und sein Programm zur Mehrung des Reiches aufmalen: die Vokale A.E.I.O.U.

Sie sind verschieden gedeutet worden. A. E. I. O. U. – »Austriae Est Imperare Orbi Universo, Österreichs Sendung ist's, dem Erdkreis zu gebieten«, meinten die Machtbewußten, an ihrer Spitze Friedrich III. A. E. I. O. U. – »Austria Erit In Orbe Ultima, Österreich wird bestehen bis ans Ende der Welt«, behaupteten die Hoffnungsstarken. Aber schon ein Höfling Friedrichs III. hatte auf einen Schrank in der Hofburg geschrieben: A. E. I. O. U. – »Aller Erst Ist Österreich Verdorben.« K. u. k.-Kadetten spotteten dann: A. E. I. O. U. – »Aerarisches (das heißt aus der Staatskasse bestrittenes) Essen Ist Oft Ungenießbar«. Über dreihundert Versionen wurden ersonnen. Zuletzt sind die fünf Vokale als Verschlüsselung des Gottesnamens Jahwe gedeutet worden:

Von 1452 bis 1806, von Friedrich III. bis Franz II., blieb – mit Ausnahme der Jahre 1742 bis 1745 – die Kaiserwürde beim Hause Habsburg, war Wien die Kaiserstadt des Heiligen Römischen Reiches Deutscher Nation. Jahwe schien den Anruf erhört, und auch Friedrichs III. Auslegung des A. E. I. O. U. schien Bestand zu haben.

Sein Sohn Maximilian I. vereinigte alle österreichischen Lande und gewann – durch seine Vermählung mit Maria, der Tochter Karls des Kühnen – das burgundische Erbe. Ihr Sohn, Philipp der Schöne, heiratete Juana, die Erbin von Kastilien und Aragon, Neapel und den lateinamerikanischen Kolonien. Deren Sohn Karl – als König von Spanien der Erste, als römisch-deutscher Kaiser der Fünfte – wurde Stammvater der spanischen Linie der Habsburger. Sein Bruder Ferdinand I., Stammvater der deutschen Linie, heiratete Anna, die Schwester des letzten Königs von Ungarn und Böhmen, der kinderlos starb und diese Lande seinem Schwager hinterließ.

Venus hatte den Habsburgern gegeben, was Mars wohl nie für

sie hätte erringen können: ein Reich, in dem die Sonne nicht unterging. Nun hieß es: »Bella gerant alii, tu felix Austria nube – Mögen andere Kriege führen, du, glückliches Österreich, heirate«. Friedrich III. hatte die Devise A.E.I.O.U. ausgegeben, doch erst seine Nachfolger heimsten den Gewinn mit Zins und Zinseszinsen ein. Er selber hatte in seiner insgesamt neunundfünfzigjährigen Regierungszeit als Herzog, König und Kaiser mehr Mißerfolge als Erfolge erlebt. Eine Zeitlang hatten sich sogar die Wiener mit ihm angelegt: im Jahre 1462 belagerten sie ihn in der Hofburg.

Bestattet wurde er in der Stephanskirche, die er zu einer Bischofskirche erhoben hatte. An seinem Hochgrab wurde fast ein halbes Jahrhundert lang gearbeitet, als sollte seine Regierungszeit in der Arbeitszeit eine Entsprechung finden. Ein spätgotisches Wunderwerk entstand, eine großartige Bekundung der Reichsidee. Dreißig Wappen verweisen auf Friedrichs III. Besitzungen. Die Kurfürsten von Brandenburg, Trier, Köln, Mainz, Böhmen, der Pfalz und Sachsen machen ihm den Hof. Die Grabplatte zeigt den Kaiser in vollem Ornat, mit Krone, Zepter und Reichsapfel. Sein Haupt liegt im Westen; wenn er sich erhöbe, würde er nach Osten schauen, der aufgehenden Sonne entgegen.

Die Kaiserfigur auf der hochliegenden Grabplatte blieb dem Blick des Kirchenbesuchers entzogen. Er sollte auf den Altar gerichtet bleiben, und auf die Kanzel. Sie ist das Meisterwerk Anton Pilgrams, das noch mit der Ornamentik der Spätgotik prunkt und schon die Geisteshaltung der Renaissance offenbart. Auf den Humanismus deuten die Büsten der vier lateinischen Kirchenväter hin, die sich auf ihre Bücher stützen und über deren Inhalt zu sinnieren scheinen. Wie am Beginn der Neuzeit der Mensch neu eingeschätzt wurde, davon zeugt das am Aufgang zur Kanzel angebrachte Bildnis ihres Schöpfers, der sich selbstbewußt unter die Heiligen mischt.

In die Moderne weisen auch die Grabmäler zweier Wiener Humanisten. Johannes Cuspinian ist mit seinen zwei Frauen und acht Kindern abgebildet, und eine lateinische Inschrift nach antikem Muster rühmt die Werke und Taten des Gelehrten, der ein Buch über die Caesaren schrieb und Kaiser Maximilian I. als Diplomat diente. Auf dem Grabstein des Konrad Celtes, den Kaiser Friedrich III. mit dem Dichterlorbeer gekrönt hatte, steht geschrieben: »Vivo – ich lebe.«

Dies war ein Stichwort der anhebenden Neuzeit: Leben und Leben lassen im Diesseits. Noch sorgte man sich um das ewige Leben im Jenseits. »Den Heiligen im Himmel und dem höchsten Gott selbst sind geräumige, prachtvolle Kirchen geweiht, erbaut aus behauenen Steinen, hochgewölbt, durch ihre Säulenreihen bewundernswert«, bemerkte Aeneas Sylvius Piccolomini, der italienische Humanist und spätere Papst Pius II. in Wien. »Auch gibt es dort ein Kloster, zum Heiligen Hieronymus genannt, in das reuige Dirnen aufgenommen werden; sie singen Tag und Nacht Hymnen in deutscher Sprache. Fällt eine von ihnen in das frühere Laster zurück und wird dabei ertappt, so wird sie in die Donau gestürzt. Im allgemeinen führen sie ein keusches und frommes Leben.«

Von vielen der 50 000 Bewohner Wiens war das nicht unbedingt zu sagen: »Zahlreiche Bürger halten Weinkneipen, heizen Stuben, richten eine Küche ein und ziehen Zecher und Dirnen heran, denen sie etwas gekochtes Essen umsonst verabreichen, damit sie um so mehr trinken; doch geben sie diesen ein kleines Maß. Das gewöhnliche Volk frönt dem Bauch, ist gefräßig; was es in der Woche mit seiner Hände Arbeit verdient hat, verjubelt es am Sonntag bis auf den letzten Heller.«

Ein Jahrhundert später hätte ein anderer Italiener, Antonio de
Bonfini, das Leben in und um Wien selbst Italiens Dolce vita
vorgezogen, »deckte nur der goldne Friede seine milden Fitti-
che über diese Gaue«. Aber um diese Zeit – Bonfinis Reisebe-
schreibung erschien 1545 – war Kriegslärm zu vernehmen. Den
Habsburgern machten Protestanten und Franzosen zu schaffen, ihre Haupt- und Residenzstadt war von den Türken be-
droht.

Im Jahre 1529 erschien Sultan Soliman der Prächtige mit
300000 Mann vor Wien. Die Stadt leistete Widerstand. Verge-
bens unterminierten die Türken die Bastionen und rannten gegen Mauern und Tore an. Der Sultan verlor die Geduld, »brach
auf zur Nacht und zog davon«, wie Hans Sachs, weit vom
Schuß, in Nürnberg aufatmete. Das türkische Wahrzeichen
blieb zurück. Die Wiener hatten versprochen, »einen halben
Mond samt einem Stern« auf die Spitze des Stephansturms zu
setzen, wenn ihn die Belagerer mit Kanonenkugeln verschon-
ten. Sie taten es, und so kam der islamische Halbmond auf die
christliche Kirche.

Seitdem mochten die Türken Wien für eine osmanische Stadt
halten; denn sie zogen wiederholt heran: 1532, 1566, 1596,
1664 und schließlich 1683. Doch der Halbmond auf dem Stephansturm blieb ihnen unerreichbar. Wie der Fuchs vor den
hochhängenden Trauben stand ein türkischer Reiseschriftstel-
ler davor, bestaunte die gewaltige Höhe des Steffls und be-
schwor seinen Allmächtigen: »Möge Allah der Allerhabene gewähren, daß er dereinst zu einem Minarett umgewandelt wird
und daß von ihm dereinst der mohammedanische Gebetsruf
erschallt.«

Der Steffl, von Feind wie Freund bewundert, ist einschichtig
geblieben. Das dem Südturm zugedachte Ebenbild, der Nord-

turm, gedieh über einen vielversprechenden Ansatz nicht hinaus. Über den Stumpf wurde in der zweiten Hälfte des 16. Jahrhunderts eine »welsche Haube« wie eine Schlafmütze gestülpt.

Die Wiener waren matt und schlaff geworden. Der Stadtherr, der seine Kräfte nach außen verzettelte, hatte den Bürgern eine Befugnis nach der anderen aus der Hand genommen. 1526 schränkte ein oktroyiertes »Neues Stadtrecht« die Selbstverwaltung empfindlich ein. Das Korporationswesen des Mittelalters ging dahin, der monarchische Absolutismus kündigte sich an. Der Fürst nahm sich größere Rechte heraus, weil auf ihn größere Pflichten zugekommen waren. Ohne seine Hilfe hätten sich die Wiener in den Türkenstürmen kaum behaupten können.

Habsburg stand im 16. Jahrhundert in der Rundumverteidigung gegen Feinde im Osten, Süden und Westen – und gegen Feinde im Reich, deutsche Fürsten und Protestanten. Im Innern ging das katholische Kaiserhaus zum Gegenangriff über – in der Gegenreformation. Sie hinterließ auch in der Stephanskirche ihre Spuren. Nun wurde hier nicht mehr in gotischer Fraktur, sondern in römischem Barock gepredigt. Der Wiener Dom erhielt einen barocken Hochaltar, barocke Seitenaltäre, barockes Chorgestühl und Gitterwerk.

Von einem Schüler des großen Gian Lorenzo Bernini – wenn schon nicht von ihm selbst – stammt die Büste des Kardinals Melchior Khlesl im Nordchor. Der 1630 verstorbene Kirchenfürst war ein Feldherr der Gegenreformation gewesen. Sie wurde zunächst defensiv geführt: durch Zensur evangelischer Bücher, Beschränkung des lutherischen Gottesdienstes, Austreibung der Protestanten aus Wien und Niederösterreich. Die Jesuiten gingen zur Offensive über: an Schule und Universität, beim Schaugepränge der Prozessionen, mit bewegenden Altarbildern und pathetischen Kirchenfassaden, die überreden und überzeugen sollten.

Der Landesherr half nach. Das »Reformationspatent« von 1652 verpflichtete jedermann zur österlichen Beichte und Kommunion, zur Heiligung der Sonn- und Feiertage, zum Einhalten der Fastentage und Anhören der Predigten. Mit obrigkeitlichen Maßnahmen sollte der Bund von katholischem Thron und katholischem Altar zusammengehalten werden, in einer Zeit, in der die alte Glaubenssubstanz dahinzuschmelzen begonnen hatte.

Inzwischen hatte der Türmer von Sankt Stephan wieder einmal den »weißen Fetzen« zeigen, die Richtung angeben müssen, aus der Feinde gegen Wien anrückten. Im Jahre 1645, im Dreißigjährigen Krieg, waren es die Schweden. Es wurde eine eher gemütliche Belagerung. Die Nordländer vermieden es, sich an den Bastionen die Köpfe einzurennen. Die Wiener zeigten sich erkenntlich: Die Belagerer durften bei den Belagerten einkaufen. Schließlich zogen die Schweden ab. Zum Dank wurde »Am Hof« eine Mariensäule errichtet: Die Jungfrau zertritt einen Drachen, und die ihr attachierten Putten, in Harnisch gebracht, bekämpfen einen Löwen, eine Schlange, einen Lindwurm – den Krieg, die Ketzerei, die Pest.

Als hartnäckigster, fürchterlichster Feind erwies sich die Pest. Sie war die »Fünfte Kolonne« des Orients; ihr Operationsgebiet bildeten die engen und stinkenden Gassen von Wien, die Häuser ohne genügend Licht, frisches Wasser und Abwassersystem. 1679 wütete die »große Pest«. Etwas einseitig hatte eine »Infektionsordnung« festgestellt, »daß die leidige Seuch der Pest daher kommt, weil sich die Menschen von Gott abgewendet haben und in Sünd und Laster leben«, und deshalb gefordert, jedermann müsse »sich aller Gotteslästerung, Unzucht und übermäßigen Essens und Trinkens und anderer Untugenden und Laster enthalten und ein gottseliges Leben führen.«

Der Schwabe Ulrich Megerle, der unter dem Namen Abraham a Sancta Clara den Wienern Bußpredigten hielt, führte die »große Pest« auf die Nichtbefolgung dieses Aufrufes zurück und gab in »Merks Wien« eine »umständige Beschreibung« des »wütenden Tods« in der »berühmten Kaiserlichen Haupt- und Residenzstadt«:

»Nun ist alles aus, es ist Kehraus,
es ist nichts mehr als Jammer.
Das hat uns gmacht, bei Tag und Nacht,
der dürre Rippenkramer.«

Der Tod hielt reiche Ernte; an die 30 000 Pestopfer wurden gezählt. Die Friedhöfe wurden zu klein, auch der bei Sankt Stephan. Als Totengräber waren Zuchthäusler rekrutiert worden. Kaiser Leopold I., ein sensibler Herr, hatte die Stadt rechtzeitig verlassen, nicht ohne 600 Eimer Wein mitzunehmen und die Errichtung einer Pestsäule nach Erlöschen der Seuche zu geloben. Dieses geschah noch im selben Jahr, jene war erst 1693 fertiggestellt. Sie erhebt sich auf dem Graben, eine Wolkenbank aus Stein, ein Meisterwerk barocker Konditorkunst, sozusagen ein Schlagober auf dem Elend, an das man sich erinnern sollte und das man lieber vergessen wollte.

Schon damals schienen Wiener so glücklich zu sein, das vergessen zu können, was nicht mehr zu ändern war. Dieser Seelenzustand wurde vom Sackpfeifer Augustin personifiziert und artikuliert.

Volltrunken auf der Straße liegend, wurde er für ein Pestopfer
gehalten und in eine Pestgrube geworfen. »Nachdem er die
ganze Nacht unter den Toten ohne Aufhören geschlafen, er-
wacht, nicht wissend, wie ihm geschehen, oder wie er möge
dahin gekommen sein« – erzählte ein zeitgenössischer Chronist – »hat er aus der Gruben hervorsteigen wollen, solches
aber wegen der Tiefen nicht zuweg bringen können, weswegen
er dann auf den Toten so lange herumgestiegen, und überaus
sehr geflucht, gescholten und gesagt hat: wer zum Teufel ihn
dahin mußte gebracht haben, bis endlich mit anbrechendem
Sonnenschein die Siechknechte mit toten Leuten sich eingefun-
den und ihm herausgeholfen haben.«

Fortan galt Augustin den Wienern als eine Art Märtyrer, den
sie zur Ehre der lokalpatriotischen Altäre erhoben. Das Lied
»O du lieber Augustin, alles ist hin« wurde freilich erst viel
später zu einem Volksschlager – am Anfang des 19. Jahrhunderts, als es mit dem Heiligen Römischen Reich Deutscher
Nation, mit der römisch-deutschen Kaiserherrlichkeit und
damit der römisch-deutschen Hauptstadtherrlichkeit aus und
vorbei war. Noch mehrmals bekamen die Wiener einen Anlaß, »O du lieber Augustin, alles ist hin« zu singen: so 1918,
als das Habsburgerreich zerschlagen, und 1945, als mit halb
Wien die halbe Stephanskirche in Schutt und Asche gesunken
war.

Nach überstandener Pestnot, am Weihnachtstag 1679, ließen
sich 95 Brautpaare in der Stephanskirche trauen. Der männ-
liche Zuwachs für die vom »Schwarzen Tod« dezimierte Stadt
konnte noch nicht unter Waffen gerufen werden, als im Jahre
1683 wiederum der äußere Feind nahte, die Türken sich zum
letztenmal den Stephansturm zum Marschziel setzten, um die
»Goldapfelkugel«, nach der ihnen ein türkischer Reiseschrift-

steller den Mund wäßrig gemacht hatte, von seiner Spitze zu pflücken.

Kaiser und Bischof suchten das Weite. Zurück blieben der Kommandant Ernst Rüdiger Graf von Starhemberg und der Bürgermeister Johann Andreas Liebenberg. Sie organisierten die Verteidigung, bauten auf die Bollwerke der Stadt und auf ihren Christengott – angesichts der 200000 Heiden, die der Großwesir Kara Mustafa heranführte.

»Die Festung Wien war ringsum von einem tiefen, breiten Graben und von zahlreichen Bastionen und unvorstellbar vielen Schweineställen umgeben; eine stark befestigte Trutzburg, die aus ungezählten Schlünden Feuer spie.« So sah es einer der Türken. Zwei Monate lang belagerten, beschossen, bestürmten sie die Stadt. Auch auf die Stephanskirche wurde gezielt, so daß, wie ein Chronist vermerkte, »eine Kugel des Morgens zwischen 8 und 9 Uhr, während der Predigt, zum Fenster hinein und an einen Pfeiler schlug; von den heruntergeschlagenen Steinen ist aber, unter so vielen tausend Menschen, niemand verletzt worden, außer einer Bürgersfrau an ihren beiden Schenkeln.«

Weder Kugeln noch Minen noch die türkischen Alliierten innerhalb der Mauer, Hunger und Seuchen, vermochten die Wiener kleinzukriegen. Dennoch war es höchste Zeit, daß ein Entsatzheer heranrückte – Österreicher, Sachsen, Bayern, Franken, Schwaben und Polen. Am 12. September 1683 kam es zur Schlacht. Das türkische Heer wurde aufgerieben. Die Beute war unermeßlich; Reste davon sind im Historischen Museum der Stadt Wien zu besichtigen: Roßschweife, die Rangabzeichen der Paschas, Fahnen, tiefrot wie Afghanteppiche, scharf geschliffene Krummsäbel und Schilde aus Feigenbaumholz und Büffelleder.

Zwei Tage später waren auch Kaiser Leopold I. und Bischof Kollonitsch wieder da. Dem Grafen Starhemberg wurde der Feldmarschallstab sowie das Recht verliehen, den Stephansturm im Wappen zu führen. In der Stephanskirche wurde, »unter dreimaligem Abfeuern der Stücke«, das Tedeum »mit herzlicher Andacht gesungen und der göttlichen Majestät für diesen herrlichen Sieg gebührend Dank gesagt«. Ein Hofpoet stimmte in den Lobgesang ein:

>»Vor den hocherhobenen Türmen,
>die das feste Wien beschirmen,
>sinket Stambul auf die Knie,
>und des Schwarzen Meeres Wellen
>beten an der Donau Quellen,
>opfern ihnen spat und früh.
>Höchster Herrscher, laß gedeihen,
>daß sich Wien stets möge freuen,
>weil der Himmel ist ihm hold!
>Schütze, wahre unsern Kaiser,
>kröne seinen Lorbeereifer,
>segne unsern Leopold!«

Auch die Wiener bekamen vom Lorbeer etwas ab. Die Türken ließen einige Säcke Kaffee zurück, die sich Georg Franz Kolschitzky als Belohnung für Kundschafterdienste ausbedang. Mit diesem Kapital gründete er das erste Wiener Kaffeehaus »Zur blauen Flasche« in der Domgasse. Aus 180 erbeuteten türkischen Kanonen wurde eine Glocke gegossen, die »Pummerin«. Sie läutete die Gegenoffensive der Österreicher gegen die Türken ein, feierte die Siege auf dem Balkan, dröhnte fort und fort, bis sie im brennenden Turm in die Tiefe stürzte – in

der Nacht vom 11. zum 12. April 1945, als die Russen kamen.
Aus den Trümmern wurde eine neue Pummerin gegossen, wie
die alte mit sechs erzenen Heidenköpfen versehen; sie hängt
nun im unvollendeten Nordturm.

Im Jahre 1683 hatten die Türken – im Unterschied zu 1529 –
den Südturm beschossen und zerzaust. Nun mochten die Wiener den Halbmond auf der Turmspitze nicht mehr dulden. Das
Kreuz und der doppelköpfige Reichsadler wurden auf sie gesetzt. Erhaben standen sie über der Kaiserstadt, auf der Senkrechten des Mittelalters, dem gotischen, zum Himmel strebenden Turm. Er schaute herab auf die barocken Kuppeln, die sich
spannten und dehnten, um Firmamente über die Horizonte der
Neuzeit zu wölben.

Triumph des Barock
Das Belvedere

Eine soldatische Erscheinung ist Schloß Belvedere auch im barocken Zivil. Es gleicht einem mit Trophäen ausstaffierten Prunkzelt eines Feldmarschalls. Es ist auf einem Feldherrnhügel aufgeschlagen, inmitten von uniform beschnittenen Bäumen, die wie Gardisten präsentieren, umgeben von den blinkenden Medaillen der Bassins, den Ordenssternen der Blumenbuketts und den Ordensbändern der Parkwege.

Als Gloriette dieses Schlosses ist der Kahlenberg anzusehen, von dem am 12. September 1683 das Heer herabstieß, das den türkischen Belagerungsring um Wien aufbrach. Die befreite Kaiserstadt liegt zu Füßen des Belvedere. Neben den alten gotischen Türmen blühten – nach der Nacht der Not, unter der Sonne des Sieges – die neuen barocken Kuppeln auf. Im Osten dehnt sich die Ebene, in die das vom Bauherrn des Belvedere befehligte kaiserliche Heer die Türken zurückdrängte.

Eugenio von Savoy nannte er sich in drei Sprachen, italienisch, deutsch und französisch. Als Zwanzigjähriger kam er nur mit dem Degen in der Hand nach Österreich, rechtzeitig zur Befreiungsschlacht von Wien. Er war als der jüngste der fünf Söhne des Prinzen Eugène Maurice von Savoyen-Carignan und der Olympia Mancini, einer Nichte des Kardinals Mazarin, am 18. Oktober 1663 in Paris geboren worden. Als Sproß einer Nebenlinie besaß er kein Vermögen, von dem er standesgemäß hätte leben können. Und der König von Frankreich wollte den schwächlichen Jüngling nicht als Offizier in seine Dienste nehmen.

So ging Prinz Eugen in ein anderes Land, wechselte in das gegnerische Lager. Binnen kurzem avancierte er zum Oberst eines Dragonerregiments. Er kämpfte gegen die Türken in Ungarn wie gegen die Franzosen am Rhein und in Oberitalien. 1693 – mit dreißig Jahren – war er Feldmarschall. Der goldene Lorbeer kam vier Jahre später: Als Oberbefehlshaber des kaiserlichen Heeres schlug er die Türken bei Zenta, zwang sie zur Räumung fast ganz Ungarns.

Mit der deutschen Sprache weiterhin auf Kriegsfuß, meldete er nach Wien: »Diese victoriose action hat sich geendet mit scheidung tag und nachts, unnd hat sogahr die Sonnen selbsten von dem tag nit ehunder weichen wollen, biss sye mit ihrem glant-

zenden Auge den völligen triumph Eurer kayserlichen Majestät glorwürdigsten Waffen hat vollständiglich mit anschauen
khönnen.«

Für Prinz Eugen begann ein langer Sonnentag des Ruhmes.
Den Sieg bei Zenta hielt der Bataillenmaler Jan van Huchten-
burgh nach den Angaben des Siegers in einem Schlachtenstück
fest: die Blöcke des Fußvolkes, attackierende Reiter, Pulver-
dampf, Türkensäbel, Doppeladler – eine gigantische Mario-
nettenbühne, auf welcher der Feldherr die Fäden zieht, die
Puppen marschieren, fechten und sterben läßt, der Prinz Eugen, hoch zu Roß, in Harnisch, mit Lockenperücke und Mar-
schallstab. Die heroische Pose überspielt das Menschlich-
Allzumenschliche: Eugens kleine, schmächtige Gestalt, die
schmale Stirn, das fahle, stets unrasiert wirkende Gesicht, den
immer etwas offenstehenden Mund, die vom Schnupftabak
aufgerissenen Nasenlöcher.

Die Schlachtenmaler blieben mit dem Glorifizieren beschäf-
tigt, hatten einen Sieg nach dem anderen zu feiern: 1701 – zum
Auftakt des Spanischen Erbfolgekrieges – schlug Eugen bei
Chiari in Oberitalien Ludwigs XIV. Marschall Villeroi. 1704
besiegte der Savoyer – nun Hofkriegsratspräsident – zusammen mit dem Briten Marlborough die Franzosen und Bayern
bei Höchstädt an der Donau. 1706 triumphierte er bei Turin,
wurde Statthalter von Mailand, zwang Frankreich zur Aufgabe
des größten Teiles der Apenninenhalbinsel. Als kaiserlicher
Generalissimus und Reichsfeldmarschall siegte er 1708 bei
Oudenaarde und 1709 bei Malplaquet über die Franzosen.

Nach Beendigung des Spanischen Erbfolgekrieges im Jahre
1714 wurde Eugen Statthalter der nun österreichischen Niederlande. Aber schon war ein neuer Krieg zu führen, wieder
gegen die Türken. Der Prinz eilte nach dem Südosten, gewann

1716 die Schlacht bei Peterwardein, erhielt vom Papst einen geweihten Hut und Degen, die Auszeichnung, die er am meisten schätzte. 1717 belagerte und eroberte er Belgrad. Ganz Ungarn war nun von der Herrschaft des Halbmondes befreit. Überall im Reich wurde das Lied gesungen:

»Prinz Eugenius, der edle Ritter,
Wollt dem Kaiser liefern
Wieder Stadt und Festung Belgerad.
Er ließ schlagen eine Brucken,
daß man konnt hinüberrucken,
mit der Armee wohl vor die Stadt...«

Bei Belgrad habe Eugen wie ein Löwe gefochten, berichtete der Verfasser dieses Volksliedes, der dabeigewesen war. Einen Löwenanteil der Kriegsbeute wußte sich der Generalissimus jedenfalls zu sichern. Er wurde ein reicher Mann. Der Dank des Hauses Habsburg drückte sich in klingender Münze aus. Der Hofkriegsratspräsident erhielt Güter und Dörfer in Ungarn und auf dem Marchfeld, bezog als Generalvikar der ehemals spanischen Lande in Italien und als Statthalter der Niederlande beträchtliche Einkünfte. Überdies besaß er, was damals nicht außergewöhnlich war, als Laie geistliche Pfründen, zwei Abteien in Savoyen-Piemont.
Schon bald konnte er daran denken, die in der Jugendzeit in Frankreich gemachten Schulden zurückzuzahlen, und daran gehen, standesgemäß in Wien zu leben. Und das hieß in der Barockzeit, da jeder den »Bauwurm« hatte, seiner ruhmreichen Existenz ein prachtvolles Gehäuse zu errichten.
»Alles geht hin und verweset, allein das vornehme Gebäude nicht.« Nach diesem Motto des Fürsten Eusebius von Liech-

tenstein verfuhr auch der Prinz Eugenius von Savoyen. Zunächst baute er sich ein Palais in der Himmelpfortgasse, inmitten der Wiener Altstadt. Die besten Architekten waren ihm gerade gut genug: Johann Bernhard Fischer von Erlach, der in Italien, dem Eldorado des Barocks, gelernt hatte. Und Johann Lukas von Hildebrandt, dem römische wie französische Modelle vorschwebten.

Das Prunkstück des Palais in der Himmelpfortgasse ist das Treppenhaus, wie es für einen Aufsteiger angebracht erscheint. Der Weg führt gemessen nach oben, vorbei an salutierenden Statuen, zu einem auf seine Keule gestützten Herkules, mit dem sich der Bauherr so gerne identifizierte, bis unter den Plafond, auf dessen Deckengemälde Apollo, von der Fama gefeiert, im Sonnenwagen dahinfährt.

Das Palais des Prinzen übertreffe alle anderen Wiener Paläste an Schönheit und Kostbarkeit, konstatierte der Zeitgenosse Johann Basilius Küchelbecker. Der französische Dichter Jean-Baptiste Rousseau stellte es dem Schloß von Versailles an die Seite.

Eugen genügte sein Palais nicht. Die gewaltige Fassade verlor sich in einer engen Gasse des mittelalterlichen Wiens. Den Salons wurde von den Bürgerhäusern, unter die sich der Palast gedrängt hatte und zwischen die er eingeklemmt blieb, das Licht weggenommen. Das Treppenhaus hatte die Illusion eines weit größeren Gebäudes zu erwecken, als es auf dem beschränkten Platz der inneren Stadt errichtet werden konnte.

Der Prinz legte sich einen Garten vor den Toren Wiens an, neben der alten Römerstraße nach Ungarn, auf einem gemählich ansteigenden Rebgelände. Er beschaffte sich »welsche Fruchtbäume« aus Neapel, beschäftigte einheimische »Lustgärtner«, plante die Errichtung einer Sommerresidenz.

Außerhalb der Stadtmauern zu bauen, war nicht nur das Bedürfnis eines großen, nach räumlicher Ausdehnung und architektonischer Manifestation drängenden Herrn. Es war auch eine patriotische Tat. Vorstädte waren eingerissen worden, um den türkischen Belagerern keine Deckung und den österreichischen Belagerten ein Schußfeld zu bieten. Nun sollten sie wieder aufgebaut werden. Der Adel ging voran, errichtete Pavillons und Paläste, und schon bald war das mittelalterliche Wien in einen prächtigen Barockrahmen gefaßt.

Die Bautätigkeit verschaffte vielen Wienern Arbeit und Brot. Im Jahre 1714 beschäftigte Prinz Eugen 1300 Taglöhner. Der Spanische Erbfolgekrieg war beendet, aus dem Feldherrn ein Bauherr geworden. 1716, als er wiederum in den Krieg, erneut gegen die Türken, ziehen mußte, stand das »Untere Belvedere« da, ein zu groß geratener Gartenpavillon und ein zu klein geratenes Schloß – ein Lustschlößchen eben.

Heute beherbergt es das »Österreichische Barockmuseum«. Mittelpunkt ist nach wie vor der Marmorsaal, eine Symphonie in Rotbraun, Weiß und Gold, besetzt mit Trophäen und Türkenfiguren, gespielt zum Ruhme des Hausherrn, der kriegerische Herkulestaten vollbracht hat und nun auf dem Deckengemälde als Apollo im Sonnenwagen triumphiert – nun wieder ganz Mäzen, der dem Gott der Weisheit, der Wissenschaft und der Künste nacheifert.

Im Garten sind Göttinnen und Nymphen versammelt: Proserpina, die Beherrscherin des Erdreiches, die von Pluto in die Unterwelt entführt wird. Die auf einer Muschel thronende Nereide Thetis. Meerjungfrauen, die zu einem Plausch in einem Bassin zusammengeschwommen sind; es murmelt und plätschert in einem fort. Die spärlich bekleideten Damen, diese Produkte freischaffender Künstler, hätten kaum den Beifall des Bußpredigers Abraham a Sancta Clara gefunden: »Die Schlimmsten sind diejenigen, welche ganz nackende und freche Bilder machen und hierdurch zu allem Bösen einen Anlaß geben; sie vermeinen weiß nicht was für Ehr und Ruhm zu erschnappen, wenn sie kunsthalber der Natur gleichsam einen Trotz bieten; unterdessen wird ihre Arbeit der Teufel ganz genau bezahlen und nichts unbelohnt lassen.«

Die nackten Figuren bieten sich auf den Parkterrassen des Belvedere wie auf Präsentiertellern dar. Doch sie sind nur Accessoires, die man übersehen kann. Die Gesamtanlage wird vom Akkord der großen Linien und weiten Flächen, der eingefaßten Rasenteppiche und der geharkten Kieswege bestimmt. In diesem barocken Garten ist die Dynamik der Natur in die Statik des menschlichen Willens gezwungen.

Auch das Extraordinäre hat seinen Platz in dieser Ordnung, am Rande selbstverständlich. Dem »Unteren Belvedere« ist eine Orangerie angebaut. Eugen hatte ein Faible für außergewöhnliche Pflanzen. Er erwartete von jedem österreichischen Diplomaten, daß er für ihn seltene Blumen, Sträucher und Bäume ausfindig machte. So bekam er für siebentausend Gulden einen Drachenbaum, der roten Saft, Drachenblut, absonderte. Ein Säulenkaktus wurde dreieinhalb Meter hoch. Küchelbecker bestaunte einen kleinen Baum, »Arbor sensitiva genannt, welcher so zart, daß derjenige Teil, so nur im geringsten angerührt wird, sogleich verdorrt«.

Zur Flora kam die Fauna. Neben dem »Oberen Belvedere« wurde eine Menagerie eingerichtet, Eugen, der Feldherr, schätzte am meisten die Löwen. Erst an zweiter Stelle kamen die Adler, welche die Natur – im Unterschied zum österreichischen Wappentier – nur mit einem Kopf auszustatten verstanden hatte. Für Langlebigkeit hatte sie zu sorgen gewußt. Noch

Napoleon I., der den k. k. Doppeladler an die Kette legte, sah ein dreiviertel Jahrhundert nach Eugens Tod in Wien einen Steinadler aus dessen Menagerie.

Über Tiere und Pflanzen, Steine und Statuen, Lakaien und Soldaten wollte Prinz Eugen gebieten. Alle kommandierte er in sein Anwesen vor den Toren Wiens, ließ sie in Reih und Glied antreten, hielt sie in militärischer Zucht. Auf dem höchsten Punkt des Gartens errichtete er sein Hauptquartier, das »Obere Belvedere« – das »Kriegs- und Siegeslager des unvergleichlichen Helden unserer Zeiten«, den Arc de Triomphe des Savoyers, ein österreichisches Wunderwerk.

Es gilt als Hildebrandts Meisterwerk. Nach Eugens größten und letzten Siegen – bei Peterwardein und Belgrad – wurde mit dem Bau begonnen, 1723 war er im großen und ganzen vollendet. Italienische und französische Stilelemente waren zu einer österreichisch-barocken Einheit verschmolzen. Betrachter griffen zu Superlativen. »Wunderwürdig« nannte es Salomon Kleiner, der es als erster in einem Kupferstichwerk der staunenden Welt vorstellte. Dem Kunsthistoriker Walther Buchowiecki erschien der Umriß des Schlosses »skandiert wie ein Versmaß«. Der Historiker Max Braubach, Eugens bester Biograph, meinte »eine Fata Morgana über den Teichen schwebend« zu sehen.

Als Pantheon für einen einzigen, für sich allein, hat Prinz Eugen das »Obere Belvedere« errichten lassen. Der zentrale Innenraum ist der Mittelsaal des Obergeschosses. Der rote Marmor erinnert an vergossenes Blut, den Preis des militärischen Ruhmes, der an der Decke in einer barock-überschwenglichen Allegorie verherrlicht wird. Überall ist das Savoyer Wappen angebracht, das weiße Kreuz auf rotem Grund, das Wahrzeichen eines Sterblichen, der in den Freskenhimmel erhoben wurde.

Allerorten wird triumphiert, auch in der Hauskapelle, deren Altarbild die »Auferstehung Christi« feiert. Und überall sind Spiegel, die Größe und Glanz vermehren, unendlich erscheinen lassen.

Im »Oberen Belvedere« ist heute die »Österreichische Galerie des 19. und 20. Jahrhunderts« untergebracht. In Prunksälen proben Makarts neo-barocke Gestalten ein Dacapo, fühlen sich Waldmüllers Biedermeier-Typen deplaziert, scheint sich Kokoschkas »Stilleben mit totem Hammel« nicht im mindesten zu genieren.

Zu Lebzeiten Eugens war das Schloß Staatsaktionen und Hoffesten vorbehalten gewesen. Hier konferierte der Hofkriegsratspräsident mit seinen Beamten, die auf den steillehnigen Stühlen kerzengerade wie zu Pferde bei einer Parade saßen. Hier empfing der Prinz ausländische Gäste, so am 11. Juni 1731 einen Sonderbotschafter des türkischen Sultans. Der Prinz stand wie die Sonne in einem Strahlenkranz von Marschällen, Kavalieren und superben Damen. Indessen sprengte der Andrang den Repräsentationsrahmen, wie ein Augenzeuge berichtete: »Und waren alle Zimmer daselbst so voll, daß dergleichen bei solchen Audienzen ich und sonderbar von so vielen vornehmen Personen niemals gesehen, und weil sowohl Christen als Türken auf die Sessel und Tische gestanden, hat ein schwerer marmorner Tisch eine Kluft bekommen.«

Im allgemeinen herrschte im Schloß die gedämpfte Stimmung eines Bibliothekssaales. An Büchern konnte Eugen nie genug bekommen. Seine Agenten durchstöberten in ganz Europa Buchhandlungen und Antiquariate. 15 000 Bände kamen zusammen, eine Armee des Geistes. Der Generalissimus gliederte sie in Waffengattungen, gab ihnen uniforme Ledereinbände: dunkelblau der Theologie und Jurisprudenz, dunkelrot der

Geschichte und Poesie, gelb den Naturwissenschaften. Alle trugen auf dem Deckel das Wappen des Savoyers mit der Fürstenkrone und der Ordenskette des Goldenen Vlieses. Gerne schritt er die Front seiner Bücher ab, und er stand nicht an, sich mit vielen näher zu beschäftigen.

»Der Prinz ist in allem unterrichtet«, wußte Jean-Baptiste Rousseau zu berichten. »Aber er gibt sich keineswegs den Anschein einer besonderen Bildung; er liest nur, um sich zu erholen, und nutzt so seine Muße ebenso wie seine Arbeit. Sein Geist ist von einer wunderbaren Klarheit und einer in jeder Beziehung liebenswürdigen Einfachheit. Das ist ein Philosoph in der Rüstung des Kriegers.«

Mit einem Philosophen in Zivil trat Eugenius in Beziehung: Gottfried Wilhelm Leibniz, dem Universalgenie des deutschen Barock. Der Deutsche, der sich als Europäer fühlte, versuchte Gegner zu versöhnen, Gegensätzliches zu vereinen: Deutsche und Franzosen, Kaiser und Reichsstände, Protestanten und Katholiken, traditionelle Theologie und moderne Naturwissenschaften. Eine barocke Summe strebte Leibniz an; er schien der Thomas von Aquin der Neuzeit werden zu wollen. Das A und O seiner Philosophie war die Monadologie: Die Welt sei ein System ursprünglicher Kräfte, der Monaden, einzelner Kräfte, die, vom Schöpfer aufeinander abgestimmt, in prästabilierter Harmonie zusammenstimmten – in dieser bestmöglichen aller Welten.

Die dynamische Vielheit in einer statischen Einheit – was Leibniz dachte, suchte die Barockkunst darzustellen. Seine Monadologie und Hildebrandts Belvedere entsprachen einander. Prinz Eugen, der sein Schloß liebte, schätzte den Philosophen. Sie speisten gemeinsam und diskutierten über Gott und die Welt. In Wien schrieb Leibniz seine Monadologie. Für den Savoyer faßte er sie unter dem Titel »Principes de la Nature et de la Grâce fondés en Raison« in einem Leitfaden zusammen. Der Prinz verwahrte das Manuskript in einer Kassette. Diese zeige er nur zum Küssen vor, wie ein neapolitanischer Priester die Blutreliquie des heiligen Januarius, spottete ein Aufklärer. Wie Leibniz stand Eugen zwischen religiöser Bindung und individualistischem Freisinn, zwischen barocker Gesamtschau und aufgeklärter Einzelbetrachtung – und suchte beides zu kombinieren.

Eugenius sammelte nicht nur Bücher, sondern auch Bilder. Nur vor Gott und Kunstwerken pflege er zu knien, wurde gesagt. Pieter van den Berge hat den Prinzen gezeichnet, wie er beim Kunsthändler Somer in Amsterdam, in Anschauung versunken, in die Knie gesunken ist. Er bevorzugte die Niederländer und die Italiener. Besonders liebte er ein Bild von Giuseppe Maria Crespi: Es zeigt den Kentauren Chiron, der Achilles im Gebrauch von Pfeil und Bogen unterweist; auf dem Köcher ist der kaiserliche Doppeladler zu sehen.

Zeitgenossen, die Eugens Sammlungen besichtigen durften, fanden andere Bilder bemerkenswert. Johann Georg Keyssler erwähnte ein Gemälde von Gerrit Dou: »Die wassersüchtige Frau«, »vor welcher die Tochter auf den Knien liegt, um Abschied zu nehmen, da indessen eine Magd Arznei in einen Löffel einreibt und der Arzt den Urin besieht«. Johann Basilius Küchelbecker verwies auf »ein Stück, so Adam und Eva im Stande der Unschuld in Lebensgröße vorstellt, welches 50000 Gulden soll gekostet haben, ein anderes, da ein Frauenzimmer einen Jüngling im Bade embrassiert, für 30000 Gulden«.

Eugen schien das Embrassieren weniger zu schätzen. Der Laienabt von Casanova und San Michele blieb unverheiratet, doch nicht unbedingt ein Verächter des schönen Geschlechtes.

Es gab Frauen in seinem Leben, natürlich in seiner etwas stürmischen Jugendzeit in Paris, und später in Wien die Gräfin Lori Batthyany. Wiener behaupteten, die beiden Söhne der Dame seien seine Kinder gewesen. Genaues weiß man nicht. Fest steht jedenfalls, daß Eugen eher ein Hagestolz war, ein gehemmter, beinahe verklemmter Einzelgänger, der Mönch im Belvedere, ein Narziß, der sich am liebsten in seinem Ruhm bespiegelte.

Seine »Apotheose« bestellte er selbst, beim Bildhauer Balthasar Permoser in Dresden. Der Künstler nahm 2400 Taler Honorar, verfügte sich jedoch nicht nach Wien. Er hatte ein Porträt Eugens zur Hand, kannte die Taten des Edlen Ritters und wußte, wie ein Barockheld sich vergöttert sehen wollte.

Das Resultat ist im »Unteren Belvedere« zu besichtigen, ein dramatisch bewegtes Standbild, eine Theaterszene: der verzückte Eugenius in voller Rüstung und Perückenpracht, mit Löwenfell und Keule, den Insignien des Herkules; der auf dem Rücken eines niedergeworfenen Türken stehende Feldherr, den Nike im Ruhmesglanz erstrahlen läßt, den Fama mit Posaunenstößen feiert.

Der Ritter besiegte die Türken, nicht die Neider. Sein Belvedere schaute auf Wien, die Paläste des Adels und die Hofburg des Kaisers herab. Wie ein gekrönter und gesalbter Herrscher hatte er sich eine »Apotheose« angemaßt. Diejenige Karls VI. steht, an die Wand gerückt, in Eugens ehemaligem Schlafgemach im »Unteren Belvedere«. Der Habsburger ist als römischer Imperator dargestellt; ein Engel hält ihm eine seltsame Krone über das Haupt: eine sich in den Schwanz beißende Schlange.

Kaiser Karl VI. verdankte dem Savoyer viel. Österreich war zu einer europäischen Großmacht geworden. Zu Nieder- und

Oberösterreich, Steiermark, Kärnten, Tirol, Böhmen, Mähren und Schlesien war vieles hinzugekommen: Ungarn, Siebenbürgen, Kroatien, Slawonien, das Banat, ferner Mailand, Parma, Piacenza, Guastalla und die Niederlande. Die Idee des »Heiligen Römischen Reiches Deutscher Nation« hatte durch den Sieg über die heidnischen Türken und die Erfolge gegen den Erzfeind Frankreich neuen Auftrieb erhalten.

Dem Erreichten setzte Karl VI. eine barocke Krone auf: die Karlskirche in Wien. Zum Bau dieser Reichskirche hatten alle österreichischen Länder Zuwendungen zu leisten. Baumeister Johann Bernhard Fischer von Erlach mobilisierte Stilelemente des antiken Imperiums: einen griechischen Tempelgiebel, korinthische Kapitelle, zwei Säulen à la Trajan, Triumphzeichen des Imperators, auf dem die Kaiseradler nisten. Über das Ganze ist – wie in Rom – eine barocke Kuppel gewölbt, die wie eine Monstranz über dem Reich und seiner Hauptstadt ausgesetzt wurde.

Der römisch-deutsche Kaiser Karl VI. weihte diese Kirche dem Heiligen Karl Borromäus, dem Vorkämpfer der Gegenreformation und dem Fürsprecher in Pestnot. 1713 wütete zum siebzehnten Male der »schwarze Tod« in Wien, raffte an die achttausend Menschen hinweg. Der Kaiser gelobte den Bau einer großen Kirche, wenn sein Gebet für ein baldiges Erlöschen der Seuche erhört werde.

Die Relief-Szenen im Giebel erinnern an das große Sterben: Ein Kind beweint seine Mutter, ein Vater trägt den Sohn zu Grabe, den Totengräber befällt die Pest, der Todesengel mit dem Richtschwert schwebt über der Stadt. Das ist Wiener Barock: die Erfahrung des Elends, das Wissen um die Vergänglichkeit alles Irdischen – aber auch die Erkenntnis, daß diese Welt nicht die schlechteste ist, und die Erwartung, daß die beste noch bevorsteht, dort oben, wohin das Kreuz der Kuppel weist.

Vom Belvedere aus konnte Eugenius die Kuppel der Karlskirche sehen. Er mochte sich manchmal daran aufgerichtet haben, alt und müde, wie er geworden war, von Neidern befehdet, vom Kaiser zurückgesetzt, mit eigenem Versagen konfrontiert.

Er starb am 21. April 1736, dreiundsiebzigjährig, im Winterpalais in der Himmelpfortgasse, ganz allein, ohne Beistand. Exitus durch »Lungensucht«, konstatierten die Ärzte.

Der Prinz erhielt ein pompöses Leichenbegängnis. Veteranen seiner 32 Feldzüge waren aufgeboten, Fahnen und Standarten der Truppen, die er von Sieg zu Sieg geführt hatte. Die Namen der Schlachtentriumphe waren in das Bahrtuch gestickt, das von vierzehn Feldmarschalleutnants gehalten wurde, unter ihnen Karl Joseph Batthyany, der zweite Sohn der Gräfin Lori. Alle Kirchenglocken läuteten, als Eugenio von Savoy in der Kreuzkapelle der Stephanskirche beigesetzt wurde. Gefehlt habe nur »das Donnern der schweren Kanonen«, bemerkte ein Trauergast, aber dieses Privileg habe sich »Ihro Kayserliche Majestät in Dero Residenz allein vorbehalten«.

Immerhin ließ Karl VI. dem verblichenen »Nebenherrscher« ein »Castrum doloris«, einen imposanten Katafalk im Dom errichten. Der Baumeister Eugens, Johann Lukas von Hildebrandt, gab noch einmal sein Bestes für den toten Bauherrn. Es entstand ein barockes Monument, halb Triumphbogen, halb Altar, drapiert mit Fahnen und Trophäen, besetzt mit Sinnbildern der Künste und Wissenschaften, die den Mäzen betrauerten, bestückt mit kriegerischen Gestalten, die dem Feldherrn die letzte Ehre erwiesen. Auf der Spitze des Katafalks ritt der Edle Ritter, als römischer Imperator gekleidet, in die Ewigkeit.

Dieses »Castrum doloris« wurde, wie üblich, nach einiger Zeit abgebrochen, als sollte demonstriert werden, daß aller irdische Ruhm, auch der größte, vergänglich ist. An der Lebensleistung des Savoyers begann eine neue Generation zu rütteln. Gotthold Ephraim Lessing bezeichnete ein Gemälde Huchtenburghs, das einen Sieg Eugens verherrlichte, als »furchtbare Täuscherei«. Der Franzose Montesquieu kritisierte die Fassade des »Oberen Belvedere«: Sie verrate schlechten Geschmack, da sie mit viel zu viel Kleinigkeiten und Nichtigkeiten überladen sei. Der Edle Ritter sei einige Jahre zu spät für seinen Ruhm gestorben, spottete Friedrich II. von Preußen, den sie nun den Großen nannten.

Die Aufklärung wendete sich gegen das Barock, Preußen stellte sich gegen Österreich. »Chronos enthüllt Veritas«, heißt eine Skulptur im »Unteren Belvedere«. Die Zeit, mit Flügeln dahineilend, lüftet das Gewand der Göttin, offenbart die nackte Wahrheit. Schön ist sie.

Versailles auf Wienerisch
Schloß Schönbrunn

Audienz ist täglich – bei Maria Theresia in Schönbrunn. Den Schloßhof beleben nicht mehr, wie auf dem Gemälde Canalettos, Uniformen, Mönchskutten und Kutschen, die wie auf Räder gesetzte Sänften aussehen. Noch da sind die Brunnen, die Flügelbauten und ihre höfliche Einladung zum Nähertreten, der breit hingelagerte Mitteltrakt, Freitreppen, Pilaster und Trophäen, die mariatheresiengelbe Fassade.

Bei diesem Anblick könnte man an einen Reifrock denken, an die Rokoko-Kaiserin, die am Ende des Audienzsaales wartet, majestätisch und mütterlich, wie sie sogar dem Spötter Voltaire Respekt abforderte: »Sie begründete ihre Herrschaft in allen Herzen durch eine Leutseligkeit und Beliebtheit, die wenige ihrer Vorfahren je besessen hatten; sie verbannte Förmlichkeit und Steifheit von ihrem Hof; sie verweigerte nie jemandem eine Audienz, und niemand verließ sie je, ohne zufriedengestellt zu sein.«

Schloß Schönbrunn – das ist mariatheresianische Architektur, mariatheresianischer Geist, schon österreichisches Rokoko und nicht mehr römisch-deutscher Barock. Ein Wiener Versailles hatte Kaiser Leopold I. an dieser Stelle errichtet sehen wollen. An eine Rekonstruktion von Neros »Goldenem Haus« in Rom dachte der Baumeister Johann Bernhard Fischer von Erlach. Sein erster Entwurf ließ eher an das Kolosseum denken. Vorgesehen war ein riesiger Komplex auf dem Gloriette-Hügel, zu dem Terrassen wie gigantische Stufen zu einem monumentalen Thron emporführten. Der Plan war nicht zu großartig, aber zu kostspielig für einen Kaiser, der mehr Ideen im Kopf als Geld in der Tasche hatte.

Von den Höhen des Wunschtraumes hinab in die Ebene des Machbaren führte der zweite Entwurf Fischer von Erlachs: zwei Stockwerke, italienische Flachdächer, ein immerhin 175 Meter langer Haupttrakt, ein französischer Garten. Nach diesem Plan wurde an der Wende vom 17. zum 18. Jahrhundert zu bauen begonnen. Der neue Kaiser Joseph I., der 1705 den Thron bestieg, aber schon 1711 starb, hatte nicht mehr viel davon, und sein Bruder, Kaiser Karl VI., wohnte lieber in Laxenburg. Dessen Tochter Maria Theresia kam zunächst kaum dazu, sich der Sommerresidenz Schönbrunn zu erfreuen.

Dreiundzwanzigjährig mußte sie 1740, »ohne eigene Experienz und Wissenschaft und endlich auch ohne allen Rat« anfangen zu regieren. »Niemand wird mir widersprechen, wenn ich behaupte, daß man in der Geschichte nicht leicht das Beispiel einer anderen Herrscherin finden wird, die unter schlimmeren Umständen als denen, mit denen ich mich abplagte, die Zügel der Regierung ergriffen hat. Die Truppen, einstmals als die besten Europas betrachtet und der Schrecken ihrer Feinde, hatten ihren Ruf fast völlig verloren. Die Pest wütete im größten Teil meiner Länder; die Grenzen waren überall ungeschützt. Einige tausend Gulden war alles, was ich in den Kassen vorfand.«

Maria Theresia mangelte es an Geld und Waffen, aber nicht an weiblichen Reizen: »Ihr Gang ist frei, ihre Haltung majestätisch, ihre Gestalt groß, ihr Antlitz rund und voll, ihre Stimme frei. Ihre Augenbrauen sind schön gezogen und, wie ihre Haare, blond, ohne ins Rot zu streifen. Ihre Augen sind groß, lebhaft und zugleich voll Milde, wozu ihre Farbe, ein tiefes Blau, nicht wenig beiträgt. Die Nase ist regelmäßig, nicht Adler- und nicht Stumpfnase. Ihre Zähne sind weiß, ihr Lächeln angenehm. Ihr Mund ist etwas groß, aber recht schön. Nacken und Brust sind wohlgebildet, die Arme und die Hände aber bewunderungswürdig. Ihre Physiognomie ist offen und glücklich, ihre Annäherung heiter und anmutig. Kurz, man kann es nicht bestreiten, sie ist eine schöne Frau.«

Dies berichtete der preußische Gesandte seinem König. Friedrich II., ohnehin kein Kavalier, war nicht beeindruckt, machte dieser jungen und schönen Frau ihr Erbe streitig. Mit Franzosen, Bayern und Sachsen begann er den Österreichischen Erbfolgekrieg. Die »Pragmatische Sanktion«, mit der Karl VI., der ohne männlichen Nachfolger geblieben war, den Übergang der

habsburgischen Länder auf seine Tochter abzusichern versucht
hatte, schien nicht das Papier wert sein, auf dem sie unter-
schrieben worden war.

Der Krieg zog sich über acht Jahre hin. Er endete mit der An-
erkennung Maria Theresias als Herrscherin von Österreich,
Böhmen und Ungarn, mit der Krönung ihres Gemahls Franz
Stephan von Lothringen zum römisch-deutschen Kaiser. Bezahlen mußte sie mit Gebietsabtretungen: Parma und Piacenza,
vor allem Schlesien, dessen Verlust, wie sie sagte, so schmerzte,
als hätte man ihr einen Finger der rechten Hand abgehackt.

Indessen muß sie stets an einen guten Ausgang geglaubt haben.
Sonst wäre sie wohl kaum – mitten im Krieg – darangegangen,
Schönbrunn nicht nur fertigzustellen, sondern vollständig er-
neuern zu lassen. Der Architekt Niccolo Pacassi erhielt den
Auftrag – unter ökonomischer Ausnützung des Vorhandenen,
versteht sich –, ein neues Schloß für die neue Regentin in einem
gewandelten Kunstgeschmack zu errichten: weniger eine Residenz für den römisch-deutschen Kaiser und dessen Gemahlin,
als ein Herrscherhaus für die Erzherzogin von Österreich, die
Königin von Böhmen und Ungarn. Und nicht im Reichsbar-
ock, diesem Overstatement des Gegebenen, sondern im Stil des
Rokoko, der Österreichs Daseinsform, dem Wiener Lebensge-
fühl und der verspielten Eleganz einer jungen Frau entsprach.

Im Jahre 1746 übersiedelte Maria Theresia nach Schönbrunn,
bezog ein halbfertiges Schloß, in dem noch viele Jahre gehäm-
mert und geleimt, gemalt und gepinselt wurde. Insofern war es
ein Sinnbild des österreichischen Einheitsstaates, den die Herrscherin aus verschiedenen Landesteilen und Länderfetzen zusammenzufügen trachtete.

Sie fühlte sich als die erste Dienerin ihres Reiches, scheute vor dienender Arbeit nicht zurück. Bereits beim Frühstück las sie Akten. Einmal kam ein Kaffeefleck auf eine Urkunde; die Souveränin zog mit der Feder einen Kreis um ihn herum und schrieb daneben: Sie schäme sich, diesen Fleck gemacht zu haben.

Im »Chinesischen Rundkabinett«, umgeben von ostasiatischen Nippesfiguren, hielt sie Kabinettssitzungen mit den Mandarinen ihres Reiches ab. Da war der Staatskanzler Kaunitz, der eine riesige Perücke, einen Babelturm aus Locken trug und unentwegt die Edelsteine seines Hofrockes polierte, was ihn nicht davon abhielt, eine konsequente Innenpolitik und eine kluge Außenpolitik zu betreiben.

Der Privatsalon der Herrscherin war das »Millionenzimmer«, das kostspielige Privatvergnügen der sparsamen »Reichshausfrau«: persische Miniaturen in vergoldeten Rokokorahmen, Rosenholzvertäfelung, Spiegel und Lüster – Prunk ohne Pomp, Pracht ohne Protz.

Noch war die spanische Hofetikette zu beachten, die Hoftracht, der Hofknicks, ein steifleinernes Protokoll, eine zopfige Repräsentation. Das Herrschertum habe sich mit einer Aureole zu umgeben, sich in der Unnahbarkeit verehrungswürdig zu erweisen, meinte auch diese Habsburgerin. In den Schönbrunner Privaträumen gab sie sich eher leger. Sie spielte Karten mit Hofdamen, die ihr zuvor die Hand geküßt hatten. Am 12. Oktober 1762 begeisterte sie sich am Klavierspiel eines sechsjährigen Wunderknaben namens Wolfgang Amadeus Mozart. »Der Wolferl ist der Kayserin auf die schooß gesprungen, sie um den Hals bekommen, und rechtschaffen abgeküßt«, berichtete der Vater und Lehrer Leopold Mozart. »Kurz, wir sind von drei Uhr bis sechs Uhr bey ihr gewesen.«

Schloß Schönbrunn zählte 1441 Zimmer und 139 Küchen. In

der Schloßkapelle, deren Hochaltarbild die »Vermählung Mariens« zeigt und die das Relief »Schmerzhafte Muttergottes« enthält, hörte sie oft zwei Messen am Tag. Als Rokoko-Madonna, als Mater Austriae wurde Maria Theresia von Gregorio Guglielmi in den Freskenhimmel der »Großen Galerie« erhoben, umgeben von ziemlich irdischen Gestalten, Kavalieren und Panduren. Im Glorienschein paradiert das österreichische Heer, das im Siebenjährigen Krieg den Preußen Schlesien nicht mehr zu entreißen vermochte. Das Aufblühen der Kronländer ist allegorisiert: die Ordnung der Finanzen, die Förderung von Ackerbau und Gewerbe, die Gründung von Schulen. In Pastellfarben erscheint die »milde Herrschaft« Maria Theresias, die »aus mütterlicher Wohlmeinung« – wie eine ihrer Verfügungen beginnt – ihren Untertanen Wohltaten aufzwang, sie durch Bemuttern beherrschte.

Als Landesmutter und als Familienmutter ist sie auf einem Gemälde von Martin von Meytens dargestellt, auf einem der Familienbilder, mit denen Schönbrunn wie eine bürgerliche Wohnstube des 19. Jahrhunderts ausstaffiert ist. Die Herrscherin – eine angehende Matrone in himmelblauer Robe – und ihr Gatte sind von sechs wohlfrisierten Kindern umgeben; im Hintergrund sind fünf weitere Kinder zu sehen, die der Maler, mit dem Familienzuwachs kaum Schritt haltend, eins nach dem anderen hinzugefügt hat.

»Man kann nicht genug davon haben; in diesem Punkte bin ich unersättlich«, erklärte Maria Theresia, die insgesamt sechzehn Kinder gebar, von denen zehn sie überlebten.

Ihre Erziehungsanweisungen waren so wohlmeinend und so autoritär wie ihre Regierungsdekrete. »Um sieben Uhr muß sie aufstehen, nach dem Morgengebet und einer geistlichen Lektüre frühstücken«, hieß es in der Instruktion für die Tochter

Erzherzogin Josepha. »Montag, Mittwoch und Freitag unterrichtet sie Pater Richter von neun bis zehn Uhr in der christlichen Lehre, im lateinisch und deutsch lesen. Um elf Uhr Messe, um zwölf Uhr Mittagessen. Von halb zwei bis zwei Uhr Historie lesen, bis drei Uhr deutsche Lehre. Dann kommt der Tanzmeister, um vier Uhr der welsche Meister. Um fünf Uhr wird der Rosenkranz ganz laut gebetet...«

Der Vater der Kinder, Franz I., trat weniger in Erscheinung, weder als Erzieher in der Familie noch als Mitregent in Österreich; der Titel des römisch-deutschen Kaisers brachte ohnehin nur Würde, kaum Macht. Der Liebe und Treue seiner Frau war er gewiß. Franz Stephan von Lothringen, ein stattlicher, liebenswürdiger Mann, hatte in die Dynastie Habsburg eingeheiratet; seine erste Pflicht war und blieb deren Fortpflanzung. Ansonsten mehrte er das Familienvermögen durch Grundstücksspekulationen und Finanzgeschäfte. Er lieferte, zu angemessenem Preis, dem österreichischen Heer Waffen und Munition, und wärend des Siebenjährigen Krieges, selbstverständlich zu Wucherpreisen, dem preußischen Heer Proviant und Pferdefutter.

Der Lothringer sammelte Medaillen, Pretiosen – und Mätressen. »Er hat Neigung zu den Frauen«, berichtete der preußische Gesandte Podewils. »Er veranstaltete sogar im Geheimen mit ihnen Soupers und Vergnügungspartien, aber die Eifersucht der Kaiserin zwang ihn, sich Zurückhaltung aufzuerlegen. Sobald sie bemerkt, daß er einer Frau den Hof macht, boudiert sie ihn und macht ihm tausend Plackereien.«

Maria Theresia riet ihrer Vorleserin, sie solle niemals einen Mann heiraten, der nichts zu tun habe. Im Kampf gegen das Laster im allgemeinen setzte sie eine »Keuschheits-Kommission« ein. Die Dekolletés sollten dezenter, die Frauen sittsamer werden – und das in einer Stadt, in der so viel geliebt wurde, in einer Zeit, die das für ganz natürlich hielt. Die Sittenpolizisten waren eifrig, die Strafen empfindlich. Frauen, die als »Hübschlerinnen« überführt wurden, schor man kahl, peitschte sie aus und steckte sie ins Spinnhaus.

Casanova, der polyglotte Liebhaber, begann zu lamentieren: »In Wien war alles schön. Viel Geld und viel Luxus. Aber infolge der Kaiserin war es außerordentlich schwer, sich Cytherens Freuden zu verschaffen, besonders für Fremde... Die Herrscherin besaß in Bezug auf die illegitime Liebe nicht die erhabene Tugend der Duldsamkeit; fromm bis zur Bigotterie, glaubte sie sich ein großes Verdienst vor Gott zu erwerben, indem sie den natürlichsten Trieb beider Geschlechter auf das kleinlichste verfolgte. Indem sie das Verzeichnis der Todsünden in ihre kaiserliche Hand nahm, glaubte sie über sechs von ihnen hinwegsehen zu dürfen, um nur die Wollust zu treffen, die ihr unverzeihlich schien.«

Die Verfolgung traf das Kleingunstgewerbe, weniger die amour en gros. Unbehelligt blieben die Boudoirhelden in goldbestickten Röcken und seidenen Beinkleidern, die Galanteriewaren trugen und galante Abenteuer bestanden; österreichische Kavaliere, die französische Frivolitäten imitierten, doch statt Champagner ihren Tokajer tranken, der das Blut dickflüssig machte, die Konversation stocken ließ, dem Getändel etwas Ungeschlachtes gab. Und ungeschoren blieben die in Taffet, Fischbein und Schminke verpackten großen Damen, die Herzdamen der Maskenbälle, Hofjagden und Schlittenpartien. Da war die Fürstin Maria Wilhelmine Auersperg, die an einem einzigen Abend beim Kartenspiel zwölftausend Dukaten verlor, doch für viele Nächte einen kaiserlichen Liebhaber, den Mann der Maria Theresia, gewann.

»Die Damen der österreichischen Gesellschaft sind unglaublich abergläubisch, was sie nicht hindert, leichtfertig zu sein«, bemerkte Sir William Wraxall. »Sie sündigen, beten, beichten und fangen wieder von vorne an...«

Wiener Rokoko – das ist noch die barocke Ordnung, die abgezirkelte und zugeschnittene, nach den Maßstäben menschlicher Vernunft ausgerichtete Natur im Park von Schönbrunn: das Blumenparterre, das vor dem Schloß wie ein Riesenteppich ausgerollt ist; Rasenflächen, schnurgerade Wege, verschnörkelte Rabatten; Linden, Buchen und Kastanien, die Spalier stehen, kommandiert von Marmorstatuen, von Herkules sogar und dem schon eher österreichischen Fabius Cunctator; die knatternden Wasserfahnen des Neptunbrunnens, die stolz aufgepflanzt sind und im Winde zerstieben; die Gloriette, ein Triumphbogen, der mehr in die Breite als in die Höhe strebt, der Wert auf seine Spiegelung im großen Bassin legt, als wollte er bescheidenen Ruhm verdoppeln. Der Park von Schönbrunn imitiert den Park von Versailles und ist doch anders: Er verliert sich nicht im Unendlichen, in der Illusion unbegrenzter Größe; er hält Maß, beschränkt sich auf den Raum zwischen Schloß und Gloriette-Hügel, bleibt überschaubar, durchmeßbar, echauffiert nicht.

Wiener Rokoko – das ist auch die künstlich geschaffene »Römische Ruine« im Park von Schönbrunn, das Sinnbild eines Reiches, das, seinen Verfall vorausahnend, Verfallenes zu schätzen begann. Der »Irrgarten« mit seinen Laubengängen und lauschigen Plätzchen ist eine Freilichtbühne für Schäferspiele, jenes Theaters, das sich Damen in Schnürleibchen und Herren in gepuderten Perücken von idyllischen Zuständen, unverbildeten Menschen und unverfälschter Natur vormachten. Sie verliefen sich nur zu gerne im selbstgeschaffenen Labyrinth, flüchteten aus dem Hochwald der Vernunft in das Unterholz der Gefühle – ins Unübersichtliche, Traumhafte, Exotische. Dementsprechend hat Johann Bergl einige Parterrezimmer im Schloß Schönbrunn mit illusionistischen Landschaftsfresken verziert, sozusagen in ein subtropisches Gewächshaus verwandelt, in einen gemalten Irrgarten: Palmen, fremdartige Blumen, grüne Kaskaden, Granatäpfel und Paradiesvögel. In natura ist Extraordinäres, Unproportioniertes in der Schönbrunner »Menagerie« zu bestaunen: Flamingos, die auf einem Bein stehen, Giraffen mit meterlangen Hälsen und winzigen Köpfen, und die Wappentiere des Rokoko: prunkende Pfauen, die häßlich schreien.

Wiener Rokoko – das war auch und gerade Maria Theresia. Sie liebte die großen Perspektiven ihres Gartens und die kleinen Schnörkel ihrer Gemächer, die Chinoiserie, das Menuett, den Goldglanz. Die Katholikin erhoffte sich jedoch ein noch schöneres, das jenseitige, das immerwährende Paradies, und sie mochte es sich nicht verscherzen.

Die Hausfrau goutierte jede ehrbar zu genießende Freude, doch sie scheute alles, was der Hausordnung zuwiderlief. Die Herrscherin wollte ihr Reich wie ihre Familie regieren, in Liebe und mit Strenge fortwährend erziehen, die bestehende Ordnung erhalten und alles fernhalten, was sie in Frage stellte. Sie überwachte die Sitten ihrer Kinder wie ihrer Untertanen. Sie bestrafte Okkultisten, untersagte die Alchimie. Die Landesmutter duldete weder Casanovas noch Cagliostros in ihrem Bereich. Und auch keine Voltaires, aufgeklärte Philosophen und Literaten, die mit der privaten die öffentliche Ordnung hätten untergraben können. Sie verbot Bücher, die – wie sie meinte – »weder der Unterhaltung noch der Wissenschaft oder der Religion dienen«.

So mußte es zum Konflikt mit ihrem Sohn und Nachfolger Joseph kommen, der sich bereit hielt, der Aufklärung eine Gasse in Österreich zu bahnen. »Es kann nichts schlechteres geben als Ihr Beharren auf Toleranz in Fragen der Religion. Duldung und Indifferenz sind genau die Mittel, um alles zu unterminieren«, hielt die Mutter ihrem Ältesten vor. »Ohne eine beherrschende Religion, was gibt es da noch an Zurückhaltung? Nichts.«

Nach dem Tode ihres Gemahls Franz I. im Jahre 1765 wurde der Sohn als Joseph II. römischer Kaiser und Mitregent in Österreich. Bereits 1761, als Zwanzigjähriger, hatte er Reformen verlangt: Mehr Toleranz in Religionsangelegenheiten, weniger Macht für die römisch-katholische Kirche, Befreiung der Bauern von Feudallasten und Freizügigkeit für Ideen und Personen.

Verheiratet war er mit einer Enkelin Ludwigs XV., Isabella von Parma. Die Hochzeitsfeierlichkeiten sind auf Wandgemälden im Zeremoniensaal von Schönbrunn geschildert – ein Hinweis auf die Hoffnungen, die Maria Theresia auf das Thronfolgerpaar setzte. Doch die künftige Kaiserin starb nach dreijähriger Ehe. Joseph wurde mit Maria Josepha von Bayern vermählt, von der er sich fernhielt. Fortan war er nur noch mit der Philosophie verheiratet; er dachte und dachte, plante und plante, suchte der Herrscherin Reformen abzutrotzen, wartete ungeduldig auf die Stunde seiner Alleinherrschaft.

Der Sohn machte der Mutter, der Thronfolger der Regentin Sorgen: »Ich wünsche nur, daß ich, wenn ich sterbe, zu meinen Vorfahren eingehen kann mit dem Trost, daß mein Sohn ebenso groß, so religiös sein wird wie seine Vorväter, und daß er die falschen Anschauungen, die schlechten Bücher und den Kontakt mit jenen aufgeben wird, die seinen Geist verführt haben auf Kosten von allem, das wertvoll und heilig ist, nur um eine eingebildete Freiheit zu errichten, die nur zu allgemeiner Zerstörung führen könnte.«

Mit gemischten Gefühlen beobachtete Maria Theresia die Entwicklung der anderen Kinder. Bald wurde sie »Schwiegermutter Europas« genannt, weil ihre Töchter passable Partien gemacht hatten. So heiratete Caroline den König Ferdinand von Neapel – Sizilien. Marie Christine, genannt Mimi, bekam immerhin Albert, Prinz von Sachsen und Herzog von Teschen, Maria Amalie den Herzog Ferdinand von Parma.

Das fünfzehnte Kind, Marie Antoinette, wurde fünfzehnjährig mit dem Thronfolger von Frankreich, dem späteren König Ludwig XVI., vermählt. Wie Joseph II. ihr Sorgensohn, so war die Königin von Frankreich ihre Sorgentochter.

»Ich kann mich nicht enthalten, einen Punkt zu erwähnen, über den ich wiederholt in den Gazetten lese: es handelt sich um Ihre Frisur. Man sagt, von der Haarwurzel an 26 Zoll hoch? Eine junge Königin voller Anmut hat es nicht nötig, alle Torheiten mitzumachen«, schrieb sie von Schönbrunn nach Versailles. »Ich muß Ihnen gestehen, dieses getrennte Bett, diese Ausflüge mit dem Grafen von Artois haben mir um so mehr Kummer gemacht, als ich die Konsequenzen voraussehe und Ihnen gar nicht lebhaft genug erklären kann, daß Sie sich vorm Abgrund retten müssen oder hineinstürzen werden... Ich sehe, wie Sie mit einer gewissen Sicherheit und Lässigkeit und mit großen Schritten Ihrem Untergang entgegengehen.«

Maria Theresia erlebte nicht mehr das Eintreffen ihrer Voraussage: Am 21. September 1792 wurde das Königtum in Frankreich abgeschafft, am 16. Oktober 1793 die Königin Marie Antoinette hingerichtet. Maria Theresia mußte auch nicht mehr mit ansehen, wie Joseph II. daranging, das alte Österreich um-

zupflügen, wie er versuchte, nach Reißbrettplänen der Aufklärung, mit der Gewalttätigkeit des Absolutismus und der Unge-
duld des Unerfahrenen einen modernen Musterstaat daraus zu
machen. Nach seinem Herrschaftsantritt im Jahre 1780 hob er
die Leibeigenschaft auf und erließ ein Toleranzpatent, schloß
Klöster, begann ständische Privilegien abzuschaffen und österreichische Länder gleichzuschalten.

Joseph II. planierte, zentralisierte und kujonierte – ein Despot
aus Idealismus, ein Menschenschinder aus Menschenfreund-
lichkeit. Seine Kraft war bald erschöpft. Er starb 1790, noch
keine fünfzig Jahre alt, einsam und ungeliebt, nachdem er fast
alle seine Reformen noch selber hatte zurücknehmen müssen
und sich die Grabinschrift gesetzt hatte: »Hier liegt Joseph,
dem nichts gelang.«

Seine Mutter hatte dies geahnt, schlimme Folgen für Österreich, für das Haus Habsburg vorausgesehen. Die Sorgen lagen
wie aufziehende Gewitterwolken über ihren letzten Lebens-
jahren. Bereits der Tod ihres Mannes am 18. August 1765 hatte
sie schwer getroffen. Sie zählte die Jahre, Monate, Wochen,
Tage und Stunden nach, die sie mit ihm verbracht hatte. Sie
tröstete die Mätresse des Kaisers, verbot das Schminken bei
Hofe, legte die Trauerkleidung kaum mehr ab.

»Nie versäumt es Maria Theresia«, berichtete Sir William Wraxall, »sich an jedem 18. eines Monats sehr früh am Morgen in
die Gruft des Kapuzinerklosters in Wien zu begeben, wo seine
Überreste bestattet sind. Selbst im Winter ist sie lange vor Mor-
gengrauen dort, ungeachtet der Härte der Jahreszeit und ihrer
vielen Gebrechen. Die Gruft wird beleuchtet, während sie auf
den Knien für sein Seelenheil betet. Der ganze Monat August
ist seinem Andenken gewidmet und eine Zeit der Kasteiung für
sie; und sie verbringt sie normalerweise in düsterer und from-

mer Zurückgezogenheit in Schloß Schönbrunn, wo Messen, Requiems und Totengottesdienste abgehalten werden.«

An sonnigen Tagen saß die Witwe auf der Terrasse von Schönbrunn. Sie schaute auf den Park, einen geordneten Kosmos, eine noch heile Welt, auf die Gloriette, die an mühsam durchgestandene, wenig ruhmvolle Kriege erinnerte, an die zahlreichen Opfer gemahnte. Über dem Sinnieren über Vergangenes und Bevorstehendes vergaß sie nicht die Arbeit für das Hier und Heute. »Die Kaiserin hat ein kleines Schreibpult, das rund um ihre Taille festgeschnallt ist, worin sich Staatspapiere, Briefe und Memoranden befinden. Sie liest sie alle durch, verwendet vier bis fünf Stunden an diese Beschäftigung, macht bei jenen Schriftstücken, die weiterer Aufmerksamkeit bedürfen, Anmerkungen und geht auf jede Angelegenheit bis auf die kleinste Einzelheit ein.«

Die alte Frau, deren Gesicht von Sorgenfalten, Pockennarben und den Schrammen eines Wagenunfalls gezeichnet war, verließ ungern ihr Schönbrunn. Sie liebte es, in den blauen, wie emaillierten Herbsthimmel zu gucken, auf die goldene Krone am First des Mittelbaues zu schauen, die in der Herbstsonne noch einmal aufleuchtete. Sie sah aber auch, wie der Herbstwind sattfarbene und halbverdorrte Blätter dahintrieb, und manchmal mochte ihr das Schloß wie ein goldenes Blatt erscheinen, das demnächst vom Wind der Geschichte verweht sein würde.

Maria Theresia dachte an den Tod: »Ich verbringe die Jahre, die Monate, die Wochen, die Tage in der gleichen Einförmigkeit... Oft finde ich Trost in der Gewißheit, daß jene Tage für immer dahin sind und daß mich jeder Tag dem Ende näher bringt – wenn ich auch zittere bei dem Gedanken an die schreckliche Rechenschaft, die ich dereinst werde ablegen müssen.«

Die schönen Tage von Schönbrunn waren längst dahingegangen, die glücklichen Zeiten, da ihr Mann noch lebte, die Kinder noch klein waren und weniger Sorgen machten, als die Säle von rauschenden Festen und die Gärten von Schäferspielen erfüllt waren. Staatskarossen hatte man in der Wagenburg abgestellt; neben der goldstrotzenden Krönungskutsche, diesem Rokokopavillon auf Sonnenrädern, wartete, in düsterem Schwarz, in barockem Totenpomp, der Leichenwagen.

Am 8. November 1780 veranstalteten Joseph II., Prinz Albert von Sachsen und ihre Lieblingstochter Mimi in Schönbrunn eine Fasanenjagd. Die dreiundsechzigjährige Maria Theresia wollte unbedingt dabeisein, dem Waidvergnügen zuschauen und ihren Kindern die Artemis-Statue zeigen, die eben im Park aufgestellt worden war. Im offenen Wagen wurde sie von einem Regenschauer überrascht. Sie erkältete sich, wurde zur Ader gelassen, bekam Krämpfe. Lindernde Mittel lehnte sie ab: Sie würden nur ihr Leben und damit das Leiden der Nächsten verlängern. Einen Schlaftrunk wies sie zurück: »Ich kann jeden Augenblick zu meinem Schöpfer berufen werden, da habe ich Angst zu schlafen. Ich will nicht überrascht werden. Ich will den Tod kommen sehen.«

Der Tod kam am 29. November 1780, um neun Uhr abends. Eines ihrer letzten Worte war: »Es ist, als wenn man von einem Zimmer ins andere geht…« Als wenn sie aus ihrem »Millionenzimmer« in die »Große Galerie« von Schönbrunn käme, wo Gregorio Guglielmi den Himmel gemalt hat – weitgeöffnet, unermeßlich, unergründlich.

Arche des alten Österreichs
Die Hofburg

Der erste Kaiser von Österreich – wie hat er ausgesehen? In der Wiener Hofburg, seiner Residenz, begegnen wir ihm in dreifacher Gestalt, so wie ihn drei Künstler verschieden gesehen und unterschiedlich interpretiert haben.

Als Cäsaren, als eine klassizistische Majestät stellte ihn der Mailänder Pompeo Marchesi in den Inneren Burghof. Dieses Denkmal erinnert an die römische Begründung des Kaisertums: Der

Enkel Maria Theresias wurde 1792 als Franz II. zum letzten
römisch-deutschen Kaiser gewählt. 1806 legte er die Krone Ottos
des Großen nieder, erklärte das Heilige Römische Reich Deutscher Nation für erloschen. Zwei Jahre vorher, 1804, hatte er sich
als Franz I. zum ersten Kaiser von Österreich proklamiert.

Im österreichischen Kaiserornat malte ihn der Wiener Fried-
rich Amerling. Auf diesem Bild scheint der Kopf vor allem als
Träger der Krone dazusein. Es ist das Diadem, das 1602 für den
Habsburger Rudolf II. als Hauskrone angefertigt worden war.
Der Kaisermantel aus kirschrotem Samt, mit Goldstickerei und
Hermelinkragen, verhüllt die Gestalt des Herrschers. Nur die
Beine, geradezu nackt in glänzenden Seidenstrümpfen, sind zu
sehen. So stellten sich Zeitgenossen einen Kaiser vor; heute
erinnert das Ölbild in der Schatzkammer der Hofburg eher an
den Prinzipal einer zweitklassigen Schauspielertruppe.

Menschliche Züge verlieh dem ersten Kaiser von Österreich
der Hanauer Peter Krafft. Er schuf drei Wandgemälde im
Audienzvorsaal der Hofburg. Die Themen, drei Szenen aus
dem Leben ihres Mannes, hatte Kaiserin Karoline ausgesucht.
Erstens: Seine Rückkehr in die Residenz im Jahre 1809, nach
dem verlorenen Feldzug gegen Napoleon. Zweitens: Sein Einzug in Wien im Jahre 1814, nach dem Sieg über Napoleon.
Drittens: Die erste Ausfahrt des Kaisers im Jahre 1826, nach
Genesung von schwerer Krankheit. Trauer, Triumph und
Dankbarkeit, die jeweilige Stimmung spiegelt sich im Antlitz
des Regenten und das entsprechende Mitgefühl in den Gesich-
tern der Wiener wider, die ihn begrüßen.

»Gott, erhalte Franz den Kaiser«, begann das Gedicht des Je-
suitenpaters Lorenz Leopold Haschka, das Joseph Haydn vertonte. Das Lied erklang zum erstenmal am 12. Februar 1797 im
alten Wiener Burgtheater. Es war dem römisch-deutschen Kai-

ser Franz II. gewidmet, wurde dann für Franz I. von Österreich gesungen, blieb bis 1918 Kaiserhymne und Ausdruck des österreichischen Patriotismus, die konservative Grundmelodie eines Reiches, dessen Grundgesetz das Erhalten war.

Der österreichische Kaiserstaat wahrte die Reichstradition. Der Doppeladler war auch sein Wappentier, das schwarz-gelbe Banner der Hohenstaufen auch die Fahne der Habsburger. Unter ihrer Krone waren verschiedene Völkerschaften zusammengefaßt. Die Gesetze, die ihnen gegeben wurden, begannen mit der Formel: »Wir Franz der Erste, von Gottes Gnaden Kaiser von Österreich, König von Ungarn und Böhmen, Galizien und Lodomerien, Erzherzog zu Österreich etcetera, etcetera.«

Worin sich die beiden Reiche glichen und worin sie sich unterschieden, wird in der Schatzkammer der Hofburg deutlich. Seit dem Beginn des 19. Jahrhunderts werden hier die Kleinodien des römisch-deutschen Reiches aufbewahrt. Von 1938 bis 1945 waren sie, auf Befehl Hitlers, in Nürnberg deponiert worden, in der ehemaligen freien Reichsstadt, die vom 15. bis zum Ende des 18. Jahrhunderts Hüterin des Reichsschatzes gewesen war. Er bedeutete mehr als seine Summe an Gold und Edelsteinen. Die Reichsinsignien waren Zeichen und Siegel der Kaiserherrschaft. Die Reichsreliquien, darunter ein Span von der Krippe und ein Stück vom Schürztuch Christi, galten als Hinweis auf die Sendung des Kaisers, für die Bewahrung des Gottesreiches auf Erden zu sorgen.

Der Reichsapfel ist das Symbol des christlichen Universalismus: ein Globus, vom Kreuz dominiert. Das Reichsschwert trägt auf der Parierstange die Inschrift: »Cristus Vincit – Cristus Reignat – Cristus Imperat – Christus siegt, Christus regiert, Christus herrscht«; es ist die Waffe, die der Kaiser zur

Verteidigung und Ausbreitung des Glaubens zu führen hat. Der Krönungsmantel zeugt vom Erreichten: Er ist aus italienischem Damast, trägt arabische Schriftzeichen, wurde im normannischen Palermo angefertigt. Die Reichskrone, für die Kaiserkrönung Ottos des Großen durch den Papst in Rom angefertigt, verleiht ihrem Träger Macht und verpflichtet ihn zur Demut: »Time Dominum Et Recede A Malo – Fürchte den Herrn und meide das Böse«, steht darauf geschrieben.

Jahrhundertelang, seit der Mitte des 15. Jahrhunderts, trugen Habsburger diese Krone, die Würde des römischen Kaisertums und die Bürde der Reichsidee, der sich die Realitäten widersetzten: deutsche Fürsten, europäische Staaten, Reformation und Aufklärung, Französische Revolution und Napoleon Bonaparte, nicht zuletzt das Hausmachtstreben der Habsburger selbst. Schließlich, am 6. August 1806, ließ Kaiser Franz seinen Herold verkünden: »Wir erklären demnach durch Gegenwärtiges, daß Wir das Band, welches Uns bis jetzt an den Staatskörper des deutschen Reiches gebunden hat, als gelöst ansehen... und Uns dadurch von allen übernommenen Pflichten gegen das deutsche Reich losgezählt betrachten.«

Der Wappenrock des Herolds des römisch-deutschen Kaisers kam in die Schatzkammer, zur Reichskrone, die lästig geworden war, und zum Reichsschwert, das man nicht mehr zu ziehen vermocht hatte. Auf Symbole legten die Habsburger weiterhin Wert. Neue Insignien traten an die Stelle der alten: eine österreichische Reichskrone, ein österreichischer Reichsapfel, ein Wappenrock für den Herold des Kaisertums Österreich. Deren künstlerische Qualität erreichte nicht die der mittelalterlichen Werke. Der Herrschaftsanspruch war räumlich auf den Donauraum und Norditalien beschränkt, die christliche Missionsidee durch das Prinzip der Legitimität ersetzt. Aber auch das säkularisierte Kaisertum Österreich hüllte sich in einen mittelalterlichen Sternenmantel, bedeckte die Blößen des Vielvölkerreiches mit einem übernationalen Ornat.

Die nackte Staatsräson steckte darin. Sie war und blieb, wie in der weltlichen Schatzkammer der Hofburg ersichtlich, das A und O Austrias. Jean-Baptiste Isabey malte eine Elfenbeinminiatur der Tochter des Kaisers Franz, Marie Luise, die achtzehnjährig mit Kaiser Napoleon I. vermählt, Kaiserin der Franzosen, die zweite Frau des Erzfeindes des Erzhauses wurde. Die österreichische Staatsräson vermochte sich der Werbung Bonapartes nicht zu verschließen. Die Monogramme der Kaisertochter und des korsischen Parvenüs vereinigen sich auf der Schmuckkassette, dem Hochzeitsgeschenk des Empereurs. Ein Prunkstück des Empire ist die Wiege ihres Sohnes, des am 20. März 1811 geborenen Königs von Rom. Frankreich feierte den bonapartistischen Thronfolger. Ein Österreicher meinte: »In zehn Jahren haben wir diesen König von Rom doch hier in Wien – als Bettelstudent.«

Im Jahre 1814, als Napoleon I. nach Elba verbannt wurde, kam der verhinderte Napoleon II. nach Wien. Seine Mutter trennte sich von ihrem Mann, wie es nun die österreichische Staatsräson erforderte und wie es ihr auch persönlich paßte. Marie Luise erhielt von ihrem kaiserlichen Vater das Herzogtum Parma, heiratete zuerst einen Grafen Neipperg und dann einen Grafen Bombelles. Der Exkönig von Rom wurde zum Herzog von Reichstadt ernannt. Er starb einundzwanzigjährig an Schwindsucht in Schönbrunn, im selben Zimmer, in dem sein Vater 1809 den Österreichern seine Friedensbedingungen diktiert hatte. Der Großvater Franz I. kommentierte: »Der Tod meines Enkels war für ihn ein Glück bei seinem Leiden, und auch für meine Kinder und die Welt; mir wird er abgehen.«

Die Residenz des letzten römisch-deutschen wie des ersten österreichischen Kaisers war die Hofburg in Wien: Ein Konglomerat von Trakten und Höfen, Toren und Treppen, Denkmälern und Brunnen. Ein Labyrinth von Zimmerfluchten, Prunksälen und Kellergewölben. Ein monströses Gebilde, an dem jahrhundertelang gebaut wurde, das nie fertiggeworden ist, wo das Ausgeführte stets hinter dem Geplanten zurückblieb. Ein Aggregat der Epochen und Stile, anscheinend regellos zusammengewachsen, tatsächlich von einem einheitlichen Bauwillen geschaffen. Die Hofburg ist eine Manifestation der habsburgischen Hausmacht, ein Gleichnis der Vielgestaltigkeit des Vielvölkerreiches – die Arche des alten Österreichs.

Franz I. wohnte im zweiten Stock des ältesten Teiles, der Alten Burg. Mit ihrem Bau wurde 1275 unter Ottokar II. von Böhmen begonnen. Wie sie ursprünglich ausgesehen hat, ist auf gotischen Bildern ersichtlich: ein Block mit vier Ecktürmen, ein mittelalterlicher Wehrbau, die Zitadelle der Wiener Stadtbefestigung. Im Keller wurden Gefangene und Tiere verwahrt. Im 15. Jahrhundert errichtete Kaiser Friedrich III. die gotische Burgkapelle. Im 16. Jahrhundert fügte Kaiser Ferdinand I. eine Renaissance-Pforte hinzu, die seit dem 18. Jahrhundert als »Schweizer Tor« bezeichnet wird. Denn unter Maria Theresia bewachte die Schweizergarde die nun »Schweizerhof« genannte Alte Burg.

Die Renaissance hinterließ einen zweiten Burgkomplex, die Stallburg mit ihren nordisch-trutzigen Mauern und südlich anmutenden Laubengängen. Im letzten Drittel des 16. Jahrhunderts wurde, bereits im Stil des Frühbarock, mit dem Bau der Amalienburg begonnen; später kam der elegante Turm mit Wetterfahne und Mondglobus hinzu. Die Verbindung zur Alten Burg stellte in der Mitte des 17. Jahrhunderts Kaiser Leo-

pold I. mit dem Leopoldinischen Trakt her, einem langge-
streckten Bau von schlichter Würde. Der Reichskanzlertrakt
ist hochbarock; er strotzt von Trophäen und protzt mit Her-
kulestatuen, den von Lorenzo Mattielli geschaffenen Kolossal-
gruppen. Auf dem Gipfelpunkt Habsburgs, nach der Zu-
rückwerfung der Türken und dem Aufstieg Österreichs zur
europäischen Großmacht, schufen Joseph Emanuel, der jün-
gere Fischer von Erlach und Johann Lukas von Hildebrandt
diesen Komplex, in dem bis 1806 Behörden des römisch-deutschen Reiches untergebracht waren.

Die Hofbibliothek ist der wissenschaftliche Appendix der
Hofburg. Mit der Jahreszahl 1726 ist eine Inschrift an der Fassade datiert: »Karl von Österreich, Sohn des verewigten Kaisers Leopold, römischer Kaiser, Vater des Vaterlandes, hat
nach allgemeinem Kriegsschluß zur bleibenden Förderung der
Wissenschaften die ererbte Bibliothek in ihrem Bücherstand
gewaltig vermehrt und in einem geräumigen Neubau der öf-
fentlichen Nutzung übergeben.«

Karl VI., der Mäzen, steht in Lebensgröße inmitten des Prunk-
saales. Auf der Allongeperücke des Barockkaisers trägt er den
Lorbeerkranz des römischen Imperators. Mitglieder des Hauses Habsburg und österreichische Feldherren umgeben ihn, und
die Heerschar der Folianten mit abgeschabten Lederrücken und
verblassenden Goldprägungen. Das Deckengemälde, sozusagen der Traghimmel, leuchtet in den Herbstfarben altgold und
rostrot, im Blau des Altweibersommers, im Fahlgelb verdorren-
der Gräser, im Grün exotischer Pflanzen, die dem Winter zu
trotzen gedenken. Daniel Gran hat in diesem monumentalen
Fresko den Kaiser und das Reich in dem Moment glorifiziert, da
die Reife vollendet war und die Fäulnis begann.

Eine Allegorie haben wir in der Kuppel über uns: »Medaillon

mit Bild Karls VI., gehalten von Herkules und Apollo… Germania mit Schild, darauf der Adler des Römischen Reiches… Weibliche Figur des Ruhmes… Fama mit zwei Trompeten… Fortuna, deren Segel von Winden geschwellt sind… Die Prachtliebe des Kaisers… Die österreichische Großmut, aus einem Füllhorn Gnadenketten, Kronen und Goldstücke schüttend… Die Geschichte, der zu Füßen die Zeit liegt.«

Dies ist ein Ballett barocker Gedanken und Gestalten, die auf den Wolken der Phantasie, dem Traume vom Reich dahinschweben. Kaiser Karl VI. zog das »Roßballett« in der von ihm erbauten Spanischen Hofreitschule vor: die Demonstration einer geglückten Dressur, eines tatsächlichen Einklangs von elementarer Natur und menschlichem Willen, einer erreichten Harmonie von Idee und Wirklichkeit.

So stellte sich noch das 19. Jahrhundert Österreichs Apotheose vor, beispielhaft in Fernkorns Reiterdenkmal des Prinzen Eugen auf dem Heldenplatz vor der Hofburg. »Es gibt einen höchsten Augenblick der Bildlichkeit: die Levade«, beschrieb es Otto Stoessl. »Das Roß hebt die Vorderhand mit angezogenen Vorderbeinen hoch und fußt, in den Hanken äußerst gebogen, auf den Hinterbeinen… Der Geist erhebt den Körper über sein natürliches Gleichgewicht zu einem äußersten schwebenden Augenblick… Der höchste Moment des Elementaren und seines Gegenspiels, des Willens, die einander durchaus hervorrufen und bedingen, der Moment des Heroischen selbst!«

Hohl und leer blieben ansonsten heroische Gesten Österreichs im 19. Jahrhundert. »Macht zu Lande« und »Macht zur See« heißen die bombastischen Brunnengruppen, die in den Neunziger Jahren dem neuen Michaelertrakt der Hofburg appliziert wurden. Vielleicht sind sie auch deshalb so theatralisch ausgefallen, weil an dieser Stelle das alte Burgtheater gestanden hatte. Beim Bau der gigantischen Neuen Burg übernahmen sich dann die Habsburger; als sie am Vorabend des Ersten Weltkrieges fertig geworden war, ging es mit der Monarchie zu Ende.

Die Hofburg verblieb der Republik als Mehrzweckgebäude. Im Leopoldinischen Trakt residiert der Bundespräsident. In der Burgkapelle singen die Wiener Sängerknaben. In der Stallburg hängen Gemälde französischer Impressionisten. In der Spanischen Hofreitschule, in der Schatzkammer und in den Kaiserappartements drängen sich die Touristen. Die Neue Burg beherbergt Museen. Ein Teil dient als Kongreßzentrum mit Tagungsräumen und Festsälen.

Kongresse in Wien tanzen immer noch – wie seinerzeit auf dem Wiener Kongreß, so am 2. Oktober 1814 bei der großen Redoute in der Hofburg. »8000 Wachskerzen in zwei ungeheuren Sälen«, berichtete Friedrich von Schönholz; »alle Estraden mit Samt bedeckt; hier Rot und Gold, dort Silber und Blau die Farben; ein dritter kleiner Saal in einen Orangenhain umgewandelt; Thronhimmel für die Herrscher und Mächtigen; allenthalben Büffets mit den köstlichsten Erfrischungen.«

Zwei Jahrzehnte lang, während der Kriege der Französischen Revolution und Napoleon Bonapartes, mußte man marschieren; nun wurde in den Frieden hineingetanzt – im Walzertakt. »Die Orchester begannen Walzer zu spielen. Allsobald schien eine elektrische Bewegung sich der ganzen zahllosen Versammlung mitzuteilen«, berichtete Auguste de La Garde. »Sobald die ersten Takte sich hören lassen, klären sich die Mienen auf, Augen beleben sich, ein Wonnebeben durchrieselt alle.«

Der Walzerrhythmus bestimmte den Wiener Kongreß in den Jahren 1814 und 1815. Ein Fest jagte das andere, Hofbälle, Kammerbälle, Adelsbälle. Die Mitwirkenden schien ein

Schwindel erfaßt zu haben, die Zuschauer kamen aus dem Staunen nicht heraus. Ein Österreicher bewunderte die Ordenssterne, mit denen sich Uniformierte brüsteten. Ein Preuße mäkelte, mit dem Gegenwert des Schmuckes der Damen könne man drei Kampagnen führen.

Ein Franzose schwärmte von der massierten Frauenschönheit und mokierte sich über gewisse Monarchen: »Der umfangreiche König von Württemberg sieht wie gewöhnlich sorgenvoll aus; vor ihm hat man einen weiten Ausschnitt in den Tisch gemacht, um seinem Bauche Platz zu schaffen. In der Tat, dieser Fürst scheint zeigen zu wollen, welchen Grad der Ausdehnung die menschliche Haut erreichen könne. Der König von Dänemark könnte gerade ein Beispiel von der Eintrocknung derselben liefern.«

Appetit legten sie alle an den Tag, an der Tafel wie am Konferenztisch, an dem Europa neu verteilt wurde und jeder einen möglichst großen Happen abbekommen wollte: die Kaiser von Österreich und Rußland, fünf Könige, darunter der von Preußen, zwei Erbprinzen sowie 215 Oberhäupter fürstlicher Häuser.

Die Crème de la crème des alten Europa war wieder obenauf, hatte das Toben der Revolution und das Treiben Napoleons überstanden. Für die Davongekommenen war dies Grund genug zum Feiern. In den Tanzpausen wurde das Konzert der Großmächte, das die französischen Clairons übertönt hatten, wieder einstudiert.

Zar Alexander I. haute auf die Pauke und schlug über die Stränge, betrieb den Länderschacher wie die Liebeshändel en gros. Der König von Preußen, Friedrich Wilhelm III., privatim ziemlich schüchtern, trommelte coram publico den Anspruch Preußens als wiederherzustellende und zu vergrößernde

Großmacht aus. Die Vertreter Großbritanniens, der General Wellington und der Diplomat Castlereagh, intonierten das alte Lied von der »Balance of power« auf dem Kontinent, um in Übersee nach eigenen Noten aufspielen zu können. Zuerst pianissimo, dann crescendo und schließlich fortissimo verstand es Talleyrand, dem geschlagenen Frankreich Gehör zu verschaffen, eine gleichberechtigte Stimme im Friedenschor zu erlangen. Kaiser Franz I. von Österreich war hauptsächlich darauf bedacht, die Harmonie nicht zu stören, für die sein Außenminister zu sorgen hatte.

Klemens Lothar Wenzel Fürst von Metternich dirigierte das Ganze. Das Ancien régime, das es zu restaurieren galt, verkörperte er mit allen Licht- und Schattenseiten. Der eingeösterreicherte, verwienerte Rheinländer war charmant, amourös, leichtfertig, gescheit, fast noch ein Rokokokavalier, der die Schnörkel und die Zöpfe schätzte, ein ebenso hochmütiger wie schmiegsamer Höfling. Österreichs Außenminister und späterer Staatskanzler war ein aufgeklärter Absolutist, der die monarchische Tradition wahren und den modernen Fortschritt dosieren und kontrollieren wollte, ein gewiefter Taktiker und exzellenter Diplomat, der von den Prinzipienfesten, Musterdemokraten, Grundsatzliberalen wie Treudeutschen, gehaßt wurde und seinen Konkurrenten, den hinkenden Talleyrand, vor Neid erblassen ließ.

Der Kaiser von Österreich sah es nicht allzu gern, daß und vor allem wie sein Minister den Taktstock führte. Vis-à-vis der Hofburg, am Ballhausplatz, hatte Metternich seinen eigenen Hof, mit einem Hofstaat von Beamten und Lakaien, Köchen und Kutschern, einer eigenen Hofbibliothek von 20000 Bänden. Doch Franz I. ließ ihn gewähren, weil er zu schätzen wußte, was der Grandseigneur am Ballhausplatz Großes für

Österreich leistete. Fast alle in der napoleonischen Zeit verloren gegangenen Gebiete holte Metternich zurück, fügte einiges hinzu, brachte einen Block von 622 337 Quadratkilometern zusammen, der von Tirol bis Siebenbürgen, von Mailand bis Lemberg und von Kroatien bis zur Bukowina reichte.

Eine bedeutendere Großmacht als je zuvor war Österreich geworden. Das römisch-deutsche Reich, dessen Kaiserwürde seine Herrscher getragen hatten, wurde nicht mehr erneuert. An dessen Stelle trat der Deutsche Bund, ein mitteleuropäischer Verein souveräner Staaten, dem Österreich präsidierte. Doch die Reichstradition lebte fort: Die übernationale Idee im Vielvölkerreich Österreich, das ihrer als Bindemittel bedurfte. Die föderale Idee im Deutschen Bund, wenn auch in der lockersten, staatenbündischen Form. Und die Friedensfunktion des alten Reiches wurde in der neuen Friedensordnung fortgeführt, der Pentarchie der fünf Großmächte Österreich, Rußland, Preußen, Frankreich und England, die vom »Comte de Balance«, dem Fürsten von Metternich, im friedenssichernden Gleichgewicht gehalten wurden.

Eine Ära der Ruhe und Ordnung nach einer Epoche der Unruhe und der Unordnung hob an. Danach sehnten sich, zumindest für eine Weile, viele Europäer, Deutsche – und vornehmlich Österreicher, in erster Linie die Wiener. Sie hatten genug von Marschmusik und Schlachtenlärm, von Kontributionen und Einquartierungen. Sie wollten keine fremden Soldaten mehr in ihrem Land und in ihrer Stadt sehen und schon gar nicht mehr selber hinausziehen in eine Welt von Kampf und Tod. Sie wollten daheim bleiben, hinter dem Ofen sitzen, sich mit dem begnügen, was ihnen beschieden war: ein kleines Haus, ein trautes Heim, ein Backhendl, ein Gläschen Wein, ein Lied, das den Genuß des kleinen Glücks besang.

Das Wiener Biedermeier begann mit der Sehnsucht nach Rekreation nach so vielen und so strapazierenden Aktionen. Der gekrönte Biedermeier, »der gute Kaiser Franz«, schenkte den Biedermeiern im Gehrock und den ringelgelockten Biedermeierinnen den Volksgarten, ließ sie in Sichtweite der Hofburg promenieren, verehrte ihnen die Rosenbuketts des Parks und den Theseustempel. Der Name sollte daran erinnern, daß sie der Habsburger, wie der griechische Sagenheld vom alles verheerenden marathonischen Stier – sprich: dem länderfressenden französischen Empereur, befreit hatte. Und die klassizistische Säulenordnung sollte sie ermahnen, daß ihr privater Auslauf in der strengen Ordnung der monarchischen Herrschaftsform zu bleiben hatte.

Denn die Rekreation war mit Repression verbunden. Kaiser Franz strich in seinem Hofstreichorchester zwar nur die zweite Geige, aber im Staatsorchester wollte er weiterhin die erste Geige spielen.

Am ehesten konnten sich noch die Musiker im damaligen Wien der Regentenfuchtel entziehen. Franz Schubert vertonte Deinhardsteins Gedicht »Am Geburtstag des Kaisers« mit halbem Herzen, um sich dann wieder mit vollem Herzen in das Refugium der Musik zurückzuziehen, in das die Polizeispitzel, Konfidenten genannt, nicht zu folgen vermochten. Aber auch er kam nicht unbehelligt davon. Dem Widerstreit zwischen Rekreation und Repression entsprach die Zerrissenheit eines Zeitgenossen, der äußerlich einem Biedermeier glich und innerlich unter dem Zwiespalt zwischen privatem Gehenlassen und öffentlicher Niederhaltung litt. Als er mit 31 Jahren starb, hinterließ er die »Unvollendete« und die Tagebuchnotiz: »Wollte ich Liebe singen, ward sie mir zum Schmerz. Und wollte ich wieder Schmerz nur singen, ward er mir zur Liebe.«

Noch schwerer taten sich Dichter und Schriftsteller der Bieder-
meierzeit, deren Worte polizeilich kontrolliert und deren
Werke behördlich zensiert werden konnten. Ferdinand Raimund fand auf die Dauer keinen Frieden im Märchenreich, in
das er sich geflüchtet hatte; er brachte sich selber um, aus
Angst, er könnte eines Tages von einem tollen Hund gebissen
werden. Johann Nestroy, der Dichter des »Zerrissenen«, der
Possenreißer litt unter Schwermut, weil er eingesehen hatte,
daß »Alles einen Haken hat« – im Menschenleben, in der Bie-
dermeiergesellschaft, in der Habsburger Monarchie.

Zwischen Auflehnung und Resignation zerrieb sich Franz
Grillparzer, wurde zum Menschenfeind und zum erbitterten
Gegner des Systems Metternich. Er besang die übernationale
Mission und beklagte die staatliche Praxis seines Österreichs,
wurde jedoch lieber Hofbeamter als Aufrührer. »Seine starken
Leidenschaften, seine großen Fähigkeiten rufen ihm zu:
schicke Plagen über Ägypten, tritt hin vor den Pharao, sprich
für dein Volk, führe es ins gelobte Land«, charakterisierte ihn
Ferdinand Kürnberger, ein Zeitgenosse. »Aber in einem Winkel seines Herzens fängt nun der Österreicher selbst zu seufzen
und zu lamentieren an: Herr, schicke einen anderen! Ich
fürchte mich... Laß mich lieber Pharaos Hofrat werden!« Ferdinand Kürnberger konstatierte: »Ein Phänomen ohneglei-
chen und nur in Österreich möglich!«

Unbegrenzt war auch in Österreich nicht alles möglich. Der
Wiener Kongreß hatte die alte Staatenordnung Europas wie-
derhergestellt und die alte Regierungsform und Gesellschafts-
struktur der Habsburger Monarchie wieder befestigt: die
Herrschaft des Kaisers, des Adels, der Hofräte. Hauptkonser-
vator war und blieb Metternich. Der Staatskanzler baute einen
Damm gegen die liberale, demokratische und nationale Bewe-

gung, die das monarchisch regierte Vielvölkerreich bedrohte. Der Damm hielt lange. Er überdauerte Franz I., der 1835 starb. Er hielt noch unter Ferdinand I., der von Ferdinand Raimund hätte erfunden sein können.

An den Deichhauptmann Metternich wandte sich Anton Alexander Graf von Auersperg, der unter dem Namen Anastasius Grün in liberalem Geist politische Lyrik verfaßte. In seinem Gedicht »Salonszene« schilderte er eine Soiree in der Hofburg, die geschlossene Gesellschaft der Aristokraten. In ihrer Mitte stand der Staatskanzler, der sich bei solchen Anlässen »manierlich gegen alle, höflich gegen groß und klein« zeigte. Diesen Zustand meinte der Dichter ausnützen, Metternich beschwören zu müssen:

»Mann des Staates, Mann des Rates, da du just bei Laune
    bist,
da du gegen alle gnädig überaus zu dieser Frist,
sieh, vor deiner Türe draußen harrt ein dürftiger Klient,
der durch Winke deiner Gnade hochbeglückt zu werden
    brennt!
Brauchst dich nicht vor ihm zu fürchten; er ist artig und
    gescheit,
trägt auch keinen Dolch verborgen unter seinem Kleid.
Östreichs Volk ist's, ehrlich, offen, wohlerzogen auch und
    fein.
Sieh, es fleht ganz artig: ›Dürft ich wohl so frei sein, frei zu
    sein?‹«

Schließlich war das österreichische Volk so frei, sich selber die Freiheit nehmen zu wollen – im Revolutionsjahr 1848. Der 13. März, als der Aufstand in Wien begann, war der Geburtstag

Josephs II. Sein von Franz Anton Zauner geschaffenes Denkmal auf dem Josephsplatz, vor der Hofburg, war im Jahre 1807 enthüllt worden. Der Reformkaiser sitzt in Toga und mit Lorbeerkranz zu Pferde, wie der Philosophenkaiser Marc Aurel auf dem Kapitolsplatz in Rom. Wie dieser hebt er den Arm, als wollte er die von ihm eingeleitete Liberalisierung segnen, und auch das absegnen, was einundvierzig Jahre nach der Denkmalsweihe zu seinen Füßen geschah: Das Volk versammelte sich, erhob liberale und demokratische Forderungen, verlangte die Entlassung Metternichs, der Symbolfigur der Reaktion.

Der Hof, erschreckt durch die Verwandlung der Biedermeier in Krawallmacher, gab zumindest der letzten Forderung nach. Der Staatskanzler mußte abdanken. Am späten Abend des 13. März 1848 verließ der fünfundsiebzigjährige Metternich die Hofburg, in der man ihn nicht mehr sehen wollte, und ging hinüber in die Staatskanzlei am Ballhausplatz, wo er fast vierzig Jahre lang residiert und regiert hatte. In einem Fiaker, unter dem Decknamen Matteux, verließ er Wien, ließ die Bemerkung zurück: »Verschwinden Reiche, so geschieht dies nur, wenn sie sich selbst aufgeben.«

Noch im selben Jahr verließ der zweite Kaiser von Österreich, Ferdinand I., auf der Flucht vor der eskalierenden Revolution, die Hofburg. Im nächsten Jahre, 1849, zog Franz Joseph I. in Wien ein, seine Residenz und Kapitale, in der die Revolution mit eisernem Besen ausgekehrt worden war. Der dritte Kaiser von Österreich regierte achtundsechzig Jahre lang; sein Reich überlebte ihn nur um knapp zwei Jahre.

Boulevard der Kaiserherrlichkeit
Die Ringstraße

Erzherzog Karl, der im Jahre 1809 Napoleon I. bei Aspern besiegte, erhebt keinen Einspruch, wenn man sich auf den Sockel seines Denkmals setzt. Er hat genug damit zu tun, sein Pferd mit der einen Hand zu zügeln, mit der anderen die Fahne hochzuhalten und zudem aufzupassen, daß sein Federhut nicht noch mehr verrutscht.

Mit Feldherrnblick überschaut Erzherzog Karl das imperiale

Wien, seit 1860, als die erste große Niederlage zu verzeichnen war, der noch weitere folgen sollten. Im Jahr zuvor hatten Franzosen und Italiener die Österreicher bei Magenta und Solferino besiegt, die Lombardei aus dem Reichsverband gebrochen. Sechs Jahre nach der Enthüllung des Denkmals für den als »beharrlichen Kämpfer für Deutschlands Ehre« gefeierten Erzherzog Karl wurde Feldzeugmeister Benedek bei Königgrätz geschlagen – von den Preußen, die Österreich aus Deutschland verstießen und an die Errichtung des Deutschen Reiches gingen.

Das Jahr davor war in Wien das Denkmal für Prinz Eugen eingeweiht worden, des anderen Helden, der auf dem Heldenplatz für Österreich ritt. Er eröffnete die Feldzüge, die den Habsburgern Größe und Glanz brachten. Jene begann zu verfallen und dieser zu verblassen, als die Taten des Edlen Ritters in der Heroenpose erstarrten. Nun prophezeite Erzherzog Albrecht, der Sohn des Erzherzogs Karl: »Es dürfte die Monarchie nicht mehr lange bestehen.«

Eine solche Voraussage hätte niemand zu äußern gewagt, als noch Maria Theresia regierte, deren Denkmal sich jenseits des Äußeren Burgtores erhebt. Als es 1888 enthüllt wurde, blickte man lieber zurück in die Vergangenheit, in der die Sonne geschienen hatte, als vorwärts in die Zukunft, die mit Wolken verhangen war. Nun führten Historiker das große Wort. Alfred von Arneth, der Biograph Maria Theresias, entwarf das Programm ihres Denkmals, setzte sie in Überlebensgröße auf einen erzenen Thron, umgab sie mit ihren Paladinen, den Militärs zu Pferde und den Zivilisten zu Fuß.

Flankiert wird das Monument der Magna Mater Austriae von zwei zwischen 1872 und 1881 errichteten Museumsbauten: dem Kunsthistorischen und dem Naturhistorischen Museum. Unter ihren schmalbrüstigen Kuppeln ist zusammengetragen, was das spätere 19. Jahrhundert, das vom Handeln zum Sammeln übergegangen war, besonders schätzte: Die Kunst früherer Zeiten, die als unerreichbar galt, und die neue Wissenschaft, die durch Forschung die Natur entschleierte und Ausblicke auf eine Ära des Fortschrittes eröffnete.

Die Denkmalskaiserin schaut auf die Hofburg, die an der Jahrhundertwende zu einem bis zum Maria-Theresien-Platz reichenden »Kaiserforum« erweitert werden sollte. Der Plan sah zwei den Heldenplatz einfassende Neubauten vor. Doch nur der östliche, die Neue Burg, wurde ausgeführt. Als sie 1913 endlich dastand – im Stil der Hochrenaissance, ausstaffiert mit Doppeladlern, deren Schwingen die Reichsteile nicht mehr umfassen und das Reichsganze nicht mehr schirmen konnten – war eine Wiedergeburt nicht mehr möglich, schlug der Habsburger Monarchie die Todesstunde.

Andere Bauten, die man vom Beobachtungsstand auf dem Heldenplatz aus erblickt, gerieten ins Blickfeld der Zeit und der Zeitgenossen: Das neugotische Rathaus, mit dem das Bürgertum gegenüber der Hofburg auftrumpfte. Und das neoklassizistische Parlament, der Tempel der Volkssouveränität, auf dessen Dach die bronzenen Triumphwagen gegeneinanderfahren und auseinanderfahren – so wie die Völker des Reiches sich gegeneinanderstellten und auseinanderstrebten.

Noch wurde die Reichseinheit beschworen, selbst im Giebelfeld des Parlaments, in dem der Reichsrat tagte: Kaiser Franz Joseph versammelte die Gesetzgeber, die Repräsentanten der vierzehn Kronländer der westlichen Hälfte des 1867 zwischen Österreich und Ungarn geteilten und mit einem Bindestrich versehenen Reiches. Hinter den Säulen ist ein Fries auf Goldgrund angebracht: »Huldigung der Völkerschaften des österreichischen Kaiserreichs«.

»Franciscus Josephus I.«, der Name des Bauherrn, ist in die Fassade der Neuen Burg eingemeißelt. Durch die römische Fassung des Kaisernamens schien der Glaube erneuert worden zu sein, den Vergil in das Reich der Römer, auf ein Versprechen Jupiters bauend, gesetzt hatte: »Ihre Herrschaft begrenze ich weder räumlich noch zeitlich; Endlos setz ich ihr Reich.« Und der Hinweis, daß Franz Joseph der erste Herrscher dieses Namens sei, schien die Hoffnung auszudrücken, daß noch weitere Kaiser von Österreich und Könige von Ungarn mit diesem Namen nachfolgen würden.

In jenem Moment, da diese Erwartung fragwürdig geworden war, schien Franz Joseph sie in Stein herbeizwingen und festhalten zu wollen: in den Bauten der Ringstraße, die als Prachtstraße seiner Haupt- und Residenzstadt, als Boulevard der Kaiserherrlichkeit entsteht, die das schöne und feste Band werden sollte, welches das Reich zusammenhielt.

»Es ist mein Wille, daß die Erweiterung der inneren Stadt Wien mit Rücksicht auf eine entsprechende Verbindung derselben mit den Vorstädten ehemöglichst in Angriff genommen und hiebei auch auf die Regulierung und Verschönerung meiner Residenz- und Reichshauptstadt Bedacht genommen werde«, hieß es in der Weihnachtsbotschaft, mit welcher der achtundzwanzigjährige Kaiser Franz Joseph am 25. Dezember 1857 der Stadt und dem Reich ein Geschenk ankündigte, das noch heute erfreut: die Ringstraße.

Bislang war die innere, die alte Stadt im Panzer der mittelalterlichen Befestigung eingezwängt gewesen. Die Vorstädte waren zwar eingemeindet worden, aber ohne organische Verbindung mit dem Stadtkern geblieben. Eine solche herzustellen, das auf 430 000 Einwohner angewachsene Gesamt-Wien zu einer Metropole aus einem Guß zu machen, befahl nun der Monarch:

»Zu diesem Ende bewillige ich die Auflassung der Umwallung und Fortifikationen der inneren Stadt, sowie der Gräben um dieselbe. Jener Teil der durch Auflassung der Umwallung, der Fortifikationen und Stadtgräben gewonnenen Area und Glacis-Gründe, welcher nach Maßgabe des zu entwerfenden Grundplanes nicht einer anderweitigen Bestimmung vorbehalten wird, ist als Baugrund zu verwenden.«

Ein städtebaulicher Beweggrund führte zur Anlage der Ringstraße: Sie sollte das Scharnier zwischen innerer und äußerer Stadt bilden, eine Zusammenfügung der Stadtteile zu einem Stadtganzen ermöglichen. Ihre Entstehung verdankt sie aber auch einem staatspolitischen Motiv: Die Reichshauptstadt sollte eine glanzvolle Reichshauptstraße erhalten, die den Völkern des Reiches wie den Besuchern aus aller Welt die Lebenskraft der Habsburger Monarchie demonstrierte und sie von ihrer Überlebensfähigkeit überzeugte.

Weder der städtebaulichen noch der staatspolitischen Argumentation zeigten sich zahlreiche Wiener zugänglich. In der Gewißheit, daß jede Neuerung nichts Besseres, eher Schlechteres bringe, suchten sie sich dem Vorhaben zu widersetzen. Sie taten es auf Wienerisch, das heißt, sie grantelten und raunzten; an der Spitze ihres Schimpfkatalogs stand lange das Wort »Ringstraßenbaumeister«. Auch als sie das – zugegeben mit viel Lärm, Staub und anderen Unannehmlichkeiten – Geschaffene endlich zu würdigen wußten, wurde noch behauptet, der Heldenplatz etwa sei nur deshalb so schön geworden, weil dort all das nicht gebaut wurde, was dort gebaut werden sollte.

»Ich gehe sehr gerne auf den Plätzen und in den Straßen der alten Stadt spazieren. Wenn man auf der jungen Ringstraße geht, dann denkt man an die Zukunft; in der alten Stadt hingegen erwachen in einem, der immer in ihr gelebt hat, die Erinnerungen.« Daniel Spitzer, Spaziergänger im Zeitungsdienst, gab 1879 die Empfindungen vieler Wiener wieder. Sie hatten die Promenaden auf der Bastei, ein Biedermeier-Idyll, verloren. Nun wandelten sie zwischen Gruben und Gerüsten, auf dem Baugelände der Gründerzeit. Hektik hatte das als gemütlich besungene Wien erfaßt. Jahrzehntelang wurde die Stadt geschüttelt und durchgerüttelt, außer Atem gebracht.

Schließlich waren außer dem großen Boulevard mehr als 90 Straßen und Plätze neu entstanden, Alleen, Parkanlagen und über 500 Gebäude: Paläste und Zinshäuser, Museen und Theater, Hotels, Banken und Staatsgebäude. Die Völkerschaften Österreich-Ungarns konnten nicht umhin, das neue Wien zu bewundern. Europa sah mit Staunen, wie sich die Reichshauptstadt als Phönix aus der Asche des Reichsverfalls erhob. Und die Wiener gewöhnten sich an das, was sie heute »die bedeutendste städtebauliche Leistung des 19. Jahrhunderts« nennen.

Auch Paris und Berlin waren in der zweiten Hälfte des 19. Jahrhunderts neu gestaltet worden. Baron Haussmann sanierte und verschönerte die Hauptstadt des Second Empire, baute Schulen, Kasernen und Schlachthäuser, schuf breite Boulevards und schier endlose Avenuen, auf denen mit den Truppen Napoleons III. die Erinnerung an alten Ruhm und die Erwartung neuer Größe paradierten. Berlin, die Hauptstadt des preußisch-deutschen Reiches, in der Generalstabsgebäude und Nationalgalerie, Bankpaläste, Fabrikantenvillen und Mietskasernen errichtet wurden, richtete sich auf eine vielversprechende Zukunft ein.

Kaiser Franz Joseph dekorierte seine Reichshauptstadt mit dem Ordensband der Ringstraße, als die Habsburgermonarchie von Niederlage zu Niederlage schritt, setzte die Monumente auf den Heldenplatz, als das Menetekel bereits an die Fassade der Hofburg geschrieben war. 1859 ging die Lombardei, 1866 Venetien verloren, und 1867, ein Jahr nach der Niederlage gegen Preußen und dem Ausschluß aus Deutschland, wurde das Reich geteilt, entstand die Doppelmonarchie Österreich-Ungarn, die sich in inneren Auseinandersetzungen zu zerreiben begann.

Auch das Motiv für die Votivkirche, das erste Zeugnis des Ringstraßenstils, gab zu denken. Mit dem Bau wurde 1856 begonnen, als Danksagung dafür, daß Kaiser Franz Joseph 1853 bei einem Attentat mit dem Leben davongekommen war. Er ging, wie so viele Wiener, auf der Bastei spazieren, als ihm ein Messer in das Genick gestoßen wurde. Der Täter war ein ungarischer Schneidergeselle. Die Tat konnte verschieden gedeutet werden: Als Akt eines Geistesverwirrten, deren Zahl auch in Österreich-Ungarn zunahm; als Demonstration eines Ungarn gegen den Österreicher; als Protest eines Proletariers gegen den höchsten Repräsentanten der herrschenden Klasse. Jedenfalls klagte Generaladjutant Grünne: »Zusammenfassen kann ich nur in Entsetzen über die jüngste Vergangenheit: Todesangst für die Zukunft.«

Eines hatte das von Untergangsstimmung befallene Wien mit dem optimistischen Berlin und dem selbstsicheren Paris gemeinsam: die Bauweise der zweiten Hälfte des 19. Jahrhunderts. Hier wie dort mangelte es an eigener Schöpferkraft und individuellem Gestaltungswillen, wurden Anleihen bei der Vergangenheit gemacht, wählte man einen bestimmten historischen Stil für den jeweiligen Bauzweck – geschichtsbewußt, kenntnisreich und tatenarm, wie man war.

Mit dem Historismus hielt der Eklektizismus seinen Einzug in Wien, das lieber nach rückwärts als nach vorwärts blickte, in die Hauptstadt eines Reiches, das aus den verschiedensten, aus der Vergangenheit überkommenen Bauelementen zusammengesetzt war und dem daher ein dem Arsenal der Geschichte entnommenes Sammelsurium von Baustilen angemessen zu sein schien.

Der Stil eines jeden Gebäudes bestimme sich durch historische Assoziation, meinte der Ringstraßenarchitekt Gottfried Semper. In der Votivkirche kopierte Heinrich Ferstel die gotische Kathedrale des französischen Mittelalters. Das Brüsseler Hôtel de Ville stand Pate beim Rathaus Friedrich von Schmidts; die neue Bourgeoisie entlehnte sich ein Gehäuse aus der spätmittelalterlichen Blütezeit des Bürgertums. An die griechische Demokratie dachte Theophil Hansen, als er den Parthenon des Parlaments hinstellte. Im Stil der italienischen Renaissance baute Heinrich Ferstel die Universität, in welcher der alte Humanismus in neuer Breite prolongiert werden sollte. In den Fundus des Barock griffen Gottfried Semper und Karl Hasenauer beim Bau der beiden Museen am Maria-Theresien-Platz; sie gleichen Archen, in denen Nachgeborene Schätze der Vergangenheit für die Gegenwart bewahren und in die Zukunft hinüberretten wollen.

In der ehemaligen Hofoper und heutigen Staatsoper – von 1861 bis 1869 von August Siccard von Siccardsburg und Eduard van der Nüll erbaut – klingt die französische Frührenaissance nach, scheint die Pariser Grand-Opéra präsent zu sein: mit Hofloge, Bürgerrängen, Galerien für Studenten, Plüsch und Spiegel für alle. Sie wurde die Hofburg der neuen Gesellschaft, die aus Aristokratie und Bourgeoisie gemischt war, das Theaterprogramm absolvierte und in den Wandelhallen promenierte, Zuschauer und Akteur in einem. Das neue Burgtheater, von Semper und Hasenauer, ähnelt dem Kapitolspalast in Rom wie der Markusbibliothek in Venedig: mit prunkvollen Treppenhäusern, welche die Ringstraßenpromenade in der Vertikalen fortsetzen.

Das »k. k. Hofburgtheater« war die moralische Anstalt eines machtbewußten Zeitalters, eine Bildungsstätte des selbstbewußten Bürgertums. Der kaiserliche Bauherr wurde zum Nachdenken angeregt: »Wissen Sie, welches mein liebstes Shakespeare-Stück ist? – ›Ein Sommernachtstraum‹. Haben Sie das Bild in meinem Zimmer in Lainz nicht gesehen? Titania mit dem Eselskopf. Das ist der Eselskopf unserer Illusionen, den wir unaufhörlich liebkosen.«

Die Ringstraße war eine Illusion des Kaisers, der sie für den Faßreifen hielt, der die Dauben der Vielvölkermonarchie zusammenhalten könnte. Die Ringstraße war eine Illusion der Wiener, die meinten, sie könnten auf ihr immer weiterspazieren, auf einer unendlichen Promenade des Glücks. Die Ringstraße war die Illusion der Architekten, die glaubten, sie hätten durch die Addierung der Stile der Vergangenheit die Summe der Geschichte gezogen, den Gipfel der Kunst in der Gegenwart erreicht, ein Kapital für die Zukunft gewonnen.

Historismus und Eklektizismus – für Wien erschienen sie passender als für Berlin oder gar für Paris. Einer Reichshauptstadt auf Abruf stand es an, Stilelemente der Geschichte zu ihrem eigenen Denkmal zu verwenden. Der Fertigkeit der k. u. k. Staatsmänner, erstaunlich lange die unterschiedlichen Völker und eine widersprüchliche Gesellschaft zusammenzuhalten, entsprach die Fähigkeit der Architekten, Versatzstücke der Kunstgeschichte zu einem einigermaßen harmonischen, jedenfalls imponierenden Ganzen zusammenzufügen. Barockes Schöpfertum schwang im Nach-Barocken mit: der Mut zum Grandiosen, der Sinn für Perspektive, das Maß für Symmetrie, die Kraft zur Synthese.

Mehr zum Manierismus neigte Hans Makart. Der Dekorateur
der Ringstraßenzeit orientierte sich nicht an dem in langer Ge-
wohnheit sicher gewordenen Stil der Aristokratie, sondern am
parvenühaften Geschmack der Bourgeoisie. Der gebürtige
Salzburger kam 1869 nach Wien, wo er en gros und en detail zu
malen begann, historische Vorbilder vor Augen und Anforde-
rungen zahlungskräftiger Auftraggeber im Sinn.

Makart kopierte Tizian und Veronese, Rubens und Rem-
brandt, geizte in der Zeichnung, schwelgte in den Farben,
zeigte koloristisches Können und dekoratives Talent, Üppig-
keit in der Form und Unzulänglichkeit in der Substanz. Makart
malte den »Triumph der Ariadne«, einen Cancan nackter Lei-
ber, der den Schriftsteller Karl Gutzkow an einen vergrößerten
Lampenschirm für ein Bordell denken ließ. Er schuf
Frauenporträts, bei denen das Accessoir als das Wichtigste erscheint: die Rüschen der Roben, der Glanz der Perlen, die
künstlichen Blumen am Hut. Einer Operettenszene gleicht das
Gemälde »Einzug Karls V. in Antwerpen« oder – wie Daniel
Spitzer meinte – dem Auftritt eines Faschingsprinzen bei einem
Wiener Kostümball.

Das machte Makart zum Modemaler des Ringstraßen-Wiens:
das Schaugepräge seiner Bilder, das Opernhafte seiner Kom-
positionen, die Überreife seiner Farben, die Art und Weise, wie
er Damen aus den Ringstraßen-Palästen in der Pracht ihrer
Toiletten und Halbweltdamen vom Ringstraßen-Korso in
halbentschleierter Nacktheit vor Augen führte. Großbürger-
wohnungen waren im überladenen Makart-Stil eingerichtet,
und auch in Kleinbürgerwohnungen waren Makart-Buketts zu
sehen: Arrangements aus welken Blättern, vertrockneten Grä-
sern und vergoldeten Palmwedeln.

Makart wirkte in erster Linie für das Bürgertum, dessen Bedürfnis, das Eintönige des Geschäftslebens und das Förmliche des Gesellschaftslebens mit ausschweifender Phantasie und in schwelgenden Farben zu kompensieren, er entgegenkam. Auch in Wien war die Kunst der Gründerzeit eine Kunst von und für Bürger, die ihren Aufstieg krönen, das Erreichte genießen, die alte Gesellschaft, die immer noch als die erste galt, übertrumpfen wollten.

In der Kaiserstadt Wien hatte dies seine Grenzen, und der Monarch achtete darauf, daß sie eingehalten und nicht überschritten wurden. Das kam schon in der Anlage der Ringstraße zum Ausdruck. Der Abschnitt vis-à-vis der Hofburg – Burg-Ring und Franzens-Ring – blieb dem kaiserlichen Hoflager und der staatlichen Repräsentation vorbehalten. Kolowrat-Ring (der heutige Schubert-Ring) und Park-Ring waren vornehmlich eine Domäne des Geburtsadels, Opern-Ring und Kärtner-Ring ein Quartier der Finanzgrößen. In der Mitte der Ringstraße, zwischen dem adelig-großbürgerlichen und dem höfisch-repräsentativen Teil war der Platz des Opernhauses – sinnigerweise, denn Oper wurde hier wie dort gespielt.

Dem Zug der Zeit wollte sich Franz Joseph nicht ganz entziehen. So ließ er es zu, daß der Modekünstler Makart zum Regisseur und Garderobier des Festzuges anläßlich der Silbernen Hochzeit des Kaiserpaares engagiert wurde. Als Schauplatz waren die Ringstraße gerade groß und als Kulisse die neuen Gebäude gerade gut genug.

Am 28. April 1879 betrachteten Kaiser Franz Joseph in schlichter Uniform und Kaiserin Elisabeth mit üppigem Makart-Hut das aus lebenden Bildern bestehende kolossalste Kunstwerk des Meisters: einen Zug mit zehntausend Teilnehmern in Kostümen des 16. Jahrhunderts, jener Zeit, in der im Reiche des Habsburgers Karl V. die Sonne nicht untergegangen war. Alt-

adelige zogen mit, sowie der neu geadelte Baron Albert Roth-
schild, der dafür tief in die Tasche greifen, die Festivität hatte
mitfinanzieren müssen. Bürger defilierten in der vorgesehenen
Ordnung, in Zünfte und Gilden eingeteilt. Auf dem nach
einem Entwurf Albrecht Dürers gebauten Wagen triumphier-
ten schöne Wienerinnen, Komtessen und Aktricen, darunter
Katharina Schratt, die spätere Freundin Franz Josephs.

Kein historisches Vorbild hatte Makart für eine der wichtigsten
Errungenschaften des 19. Jahrhunderts, die Lokomotive. Doch
ihm war auch die Meisterung dieser Aufgabe gelungen, wie ihm
die »Wiener Zeitung« bescheinigte: »Das Meiste erblaßte aber,
als der Zug der Eisenbahnen aufleuchtete. Voran die elementar
schwarz-rot gekleideten Diener mit den hellroten Signalschei-
ben, dann gewaltig und gebieterisch kühn wie das Element
selbst der wunderbar prächtige Festwagen in seiner wahrhaft
künstlerisch-vollendeten Gestalt, goldglänzend, feuersprü-
hend und lichtblitzend wie das Dampfroß selbst.«

Franz Joseph I. dankte höflich für das ihm 1879 Gebotene:
»Während meiner mehr als dreißigjährigen Regierungszeit
habe ich nebst manchen trüben Stunden auch viele Freuden mit
meinen Völkern geteilt, aber eine reinere, innigere konnte mir
wohl kaum geschaffen werden.« Die sonnigen Stunden nah-
men ab und die trüben Stunden zu. Dem Kaiser von Österreich
und König von Ungarn, Herrscher über 40 Millionen Deutsche, Magyaren, Tschechen, Slowaken, Polen, Ruthenen,
Kroaten, Slowenen, Serben, Rumänen und Italiener wurde zu-
nehmend bewußt, daß immer mehr seiner Untertanen das Vielvölkerreich für einen Völkerkerker hielten, an dessen Gitter-
stäben sie immer heftiger rüttelten.

Auf seine Wiener konnte er noch zählen. Sie vergaßen es ihm
nicht, daß er ihre Stadt größer und schöner gemacht hatte. Sie

schätzten ihren Kaiser, der sich eher wie ein Staatsdiener denn ein Monarch benahm. Sie achteten seine Disziplin und Akkuratesse: Sein Tageslauf war bis auf die Minute festgelegt, sein Arbeitsplan wurde peinlich genau eingehalten; Anwohner der Straße zwischen Schönbrunn und der inneren Stadt stellten ihre Uhren nach den Fahrzeiten des Kaisers zwischen dem Schloß und der Hofburg. Und alle bemitleideten den Mann, dessen Ehe unglücklich war.

»Sie hat etwas vom Schwan, etwas von der Lilie, etwas von der Gazelle, aber auch von der Melusine und Fee zugleich, und doch so viel vom Weib«, schwärmte eine Hofdame der Kaiserin Elisabeth. Der Leibkammerdiener des Kaisers Franz Joseph entrüstete sich: »Für die Pflege ihrer mädchenhaft schönen, wundervollen und langen Haare wurde stets ein ganzer Apparat aufgeboten, ja, das Kopfwaschen gestaltete sich zu einer Staatsaffäre, und außer einer Unmenge roher Eidotter wurden dann auch jedesmal zwanzig Flaschen besten Franzbranntweins verwendet.«

Mit Siebzehn wurde Elisabeth, genannt Sissi, eine Wittelsbacherin, mit dem Kaiser von Österreich vermählt. Ihr erstes Kind, Sophie, starb mit drei Jahren. Die Schwiegermutter war unerträglich. Der Mann konnte die romantische Exaltiertheit seiner Frau nicht verstehen. Elisabeth, eine Kusine Ludwigs II. von Bayern, schrieb Verse, ritt parforce, jagte Füchse, liebte Gewaltmärsche, trieb Abmagerungskuren bis zum Hungerödem. Und sie floh Mann und Hof, unternahm lange und weite Reisen – nach Madeira, England, Kleinasien, Spanien, Ägypten. Auf Korfu ließ sie sich einen Palast bauen. In Missolunghi besuchte sie das Mausoleum, in dem das Herz Lord Byrons beigesetzt worden war. Nach dem Selbstmord des Kronprinzen Rudolf in Mayerling stieg sie allein zum Toten in die Kapuzinergruft hinab, rief zweimal den Namen ihres einzigen Sohnes, sich eine Antwort erhoffend.

Am 10. September 1898 wurde Elisabeth, Kaiserin von Österreich und Königin von Ungarn, in Genf von einem Anarchisten erstochen. »Mir bleibt doch nichts erspart«, seufzte Franz Joseph. Wien trauerte mit dem Kaiser, errichtete ein Denkmal für Elisabeth, das sie, zwischen Seerosen und Goldfischen, in Marmorruhe festhält, in einen Winkel des Volksgartens bannt.

Das alte, das 19. Jahrhundert versank im Abendrot des Fin-de-Siècle, begann mit dem Morgenrot des Jugendstils. Die neuen Architekten bauten nicht mehr für den Kaiser Franz Joseph, sondern für Karl Lueger, den Bürgermeister von Wien, das zu Groß-Wien mit fast zwei Millionen Einwohnern geworden war. Um die Probleme der Megapolis zu bewältigen, mußten Bahnhöfe für Züge und Haltestellen für Straßenbahnen, Gas- und Elektrizitätswerke, Wasserleitungen und Abwasserkanäle, Schulen und Krankenhäuser errichtet werden. Die Gesamtheit der Bürger, erklärte Lueger, die Gemeinde habe für ihre Kinder und Alten, Kranken und Toten, in erster Linie für die arbeitende Bevölkerung zu sorgen, die auf der Schattenseite des imperialen Wien geblieben sei.

Erst 1929, ein Jahrzehnt nach dem Ende der Habsburgermonarchie und der Entthronung Wiens als Kaiserstadt, setzten die Wiener ihrem populären Bürgermeister ein Denkmal – gegenüber dem Stadtpark, am volkstümlichen Teil der Ringstraße. Es zeigt Karl Lueger im Gehrock, ohne Hut, beide Hände an die Brust gepreßt, als wollte er ihr eine neue Tat entreißen. Zu seinen Füßen gruppieren sich Menschen, für die er gesorgt hat: Arbeiter mit Schaufel und Hammer, eine Mutter mit zwei Kindern, ein Greis.

Am Lueger-Denkmal gehen Wiener vorbei, die am Sonntagnachmittag dem Stadtpark zustreben. Dort steht ihr liebstes Denkmal: Johann Strauß, der Walzerkönig, der in seiner Marmoraureole fast wie ein Walzergott erscheint; zu seinen Geigenklängen drehen sich weiße Frauengestalten im Reigen, scheinen über alle Gesetze der Materie hinwegzuschweben. Leibhaftige Wiener lauschen Straußschen Melodien beim Freiluftkonzert. Bei kleiner Konsumation amüsieren sie sich ganz groß, lassen sich die »Schöne blaue Donau« vorspielen, ein Traum-X für das U der Wirklichkeit vormachen.

Beinahe noch wie zu Franz Josephs Zeiten steht – mariatheresiengelb, säulenstolz und stucküberladen – der Kursalon da, und die k. u. k. Karyatiden scheinen das Festzelt des Himmels zu tragen. Als ob die Erinnerung Gegenwart geworden wäre, als ob es immer noch so sei wie damals.

»*Erst wann's aus wird sein…*«
Zwischen Kapuzinergruft und Zentralfriedhof

Der Traum vom Reich ruht in der Kapuzinergruft, wurde mit Franz Joseph, dem ersten und letzten Kaiser dieses Namens, zu Grabe getragen.

In seiner achtundsechzigjährigen Regierungszeit – von 1848 bis 1916 – hatten sich viele so an ihn gewöhnt, daß sie sich einen anderen Kaiser nicht vorzustellen vermochten, und waren zu der Überzeugung gelangt, daß mit seinem Hinscheiden das

Reich vergehen würde. Franz Joseph war derselben Meinung: »Gott läßt mich so lange leben, damit das Ende des uralten Reiches um einige Zeit hinausgeschoben werde. Nach meinem Tod wird es unvermeidbar kommen.«

Am Abend des 21. November 1916 starb Franz Joseph I., »von Gottes Gnaden Kaiser von Österreich, Apostolischer König von Ungarn, König von Böhmen, von Dalmatien, Kroatien, Slawonien, Galizien, Lodomerien und Illyrien, König von Jerusalem etc.; Erzherzog von Österreich; Großherzog von Toskana und Krakau, Herzog von Lothringen, von Salzburg, Steyer, Kärnten, Krain und der Bukowina; Großfürst von Siebenbürgen; Markgraf von Mähren; Herzog von Ober- und Niederschlesien, von Modena, Parma, Piacenza und Guastalla, von Auschwitz und Zator, von Teschen, Friaul, Ragusa und Zara; gefürsteter Graf von Habsburg und Tirol, Kyburg, Görz und Gradiska, Fürst von Trient und Brixen; Markgraf von Ober- und Niederlausitz und in Istrien, Graf von Hohenems, Feldkirch, Bregenz, Sonnenberg etc., Herr von Triest, von Cattaro und auf der Windischen Mark, Großwojwode der Wojwodschaft Serbien etc. etc.«

So mancher Titel stand nur noch auf dem Papier, bekundete nur noch einen historischen Anspruch und nicht mehr einen gegenwärtigen Besitzstand. Einiges war schon abgefallen, bald würde das Ganze verwehen. In seinem Bett in Schönbrunn hatte Franz Joseph das Herbstlaub auf dem Überzug des Fußbrettes vor Augen gehabt, war er in der Gewißheit bestärkt worden, daß nach seinem Tode die verbliebenen Reichsteile wie Herbstblätter von Habsburgs Stamm fallen würden.

Das altersschwache Reich, von den Stürmen des Ersten Weltkrieges geschüttelt, überlebte ihn um knappe zwei Jahre. Es gab noch einen allerletzten Kaiser von Österreich und König von

Ungarn, Karl I., der 1922 im Exil auf Madeira starb und in der Kirche Nossa Senhora do Monte beigesetzt wurde.

Franz Joseph I. war am 30. November 1916 in der Kapuzinergruft zu Wien bestattet worden. Acht Rappen zogen den »Schwarzen Leichenwagen des Hofes«. Der Leichenzug führte von der Hofburg über die Ringstraße, den Franz-Josephs-Kai und die Rotenturmstraße zur Stephanskirche, zur Einsegnung durch Fürsterzbischof Piffl.

»Zum letztenmal sahen wir Erzherzöge, Fürsten und Grafen in herrlichen Galauniformen zu Pferd und in Wagen vorüberziehen: die Repräsentanten der Monarchie aus Ungarn, Polen, Böhmen, Kroatien, Slowenien und vielen anderen Ländern«, erzählte Alice Herdan-Zuckmayer. »Luise schluchzte, rang die Hände und fragte: ›Unser Kaiser is tot, is alles weg, is alles aus?‹ ›Ja‹, antwortete meine Mutter, ›es is alles aus! Nicht gleich, Luise, aber bald!‹«

Der Trauerzug endete vor der Kapuzinerkirche am Neuen Markt, in deren Grabgewölben seit Matthias (gestorben 1619) die römisch-deutschen – außer Ferdinand II. – und die österreichischen Kaiser ruhten. Im Spalier der Soldaten stand in der neuen feldgrauen Uniform der zweiundzwanzigjährige Joseph Roth aus Brody in Wolhynien, der bald an die Front gehen sollte. Heil davongekommen, schrieb er den Roman »Die Kapuzinergruft« und erinnerte sich: »Während ich die Nähe des Todes, dem mich noch der tote Kaiser entgegenschickte, erbittert maß, ergriff mich die Zeremonie, mit der die Majestät (und das war Österreich-Ungarn) zu Grabe getragen wurde… Die kalte Sonne der Habsburger erlosch, aber es war eine Sonne gewesen.«

Obersthofmeister Fürst Montenuovo ergriff seinen goldenen Stab, mit dem er in besseren Tagen in der Hofburg dreimal auf den Boden geklopft hatte, um einen Hofball zu eröffnen. An diesem 30. November 1916 pochte er mit ihm dreimal an die verschlossene Pforte der Kapuzinerkirche, begehrte Einlaß für den »armen Sünder« Franz Joseph, der so lange ein Herrscher in dieser Welt gewesen war und nun einen Platz an der Seite seiner Vorfahren suchte, um mit ihnen das Jüngste Gericht zu erwarten.

In der Kapuzinergruft ruht Kaiser Franz Joseph I. zwischen seinem Sohn Rudolf, der 1889 durch Selbstmord endete, und seiner Frau Elisabeth, die 1898 ermordet wurde. Auf dem schlichten Sarkophag steht eine Kristallvase mit Astern, den Allerseelenblumen. Ein Bronzerelief zeigt den Verstorbenen, wie er, in Geschichtsbüchern und auf Pralinenschachteln abgebildet, im Gedächtnis geblieben ist: mit dem halb militärischen, halb patriarchalischen Kaiserbart, dem eher leutseligen als hoheitsvollen Blick, als Monarchen, der dem Hauptbuchhalter einer Firma in Liquidation gleicht.

Seine Vorfahren, die bessere, wenn auch nicht unbedingt glücklichere Zeiten gesehen hatten, liegen in anderen Grabgewölben der Kapuzinerkirche. Die Avantgarde des Totendefilees tritt bescheiden auf: Der 1608 in Preßburg zum König von Ungarn, 1611 in Prag zum König von Böhmen und 1612 in Frankfurt am Main zum römisch-deutschen Kaiser gekrönte Matthias und seine Gemahlin Anna liegen in Bleitruhen.

In barockem Pomp paradieren die Nachfolger, mit denen sich das Haus Habsburg über den Trümmern des Dreißigjährigen Krieges erhob: Leopold I., gestorben 1705, der die Türken zurückschlug; Joseph I., gestorben 1711, der mit dem Frankreich des Sonnenkönigs rang; Karl VI., gestorben 1740, der das Bewahrte und Dazugekommene genoß, nicht ohne Bangen, ob er es seiner Tochter Maria Theresia vererben könnte. Sein Sarkophag ist der prunkvollste: Er ruht auf Löwen und Adlern, ist überreich mit Fahnen und Insignien drapiert. Doch die Kronen des römisch-deutschen Reiches und der österreichischen Länder sitzen auf Totenköpfen – als Hinweis darauf, daß aller Ruhm der Welt vergeht.

Eher als ein Mahnmal der Liebe als ein Memento der Macht erscheint der Doppelsarkophag für Maria Theresia und Franz Stephan von Lothringen. In Lebensgröße lagert das Paar, auch im Tode vereint, auf dem Sargdeckel wie auf einem Ehebett. Unter dem Freskenhimmel der Gruftkapelle, in der Nähe der Eltern, sind elf ihrer Kinder beigesetzt. Vor dem Prachtsarkophag steht ein einfacher Kupfersarg: Joseph II. wollte seinem Ruf als erster Diener seines Staates und Volkes über den Tod hinaus treu bleiben.

Die österreichische Kaiserkrone, die sich 1804 der letzte römisch-deutsche Kaiser zulegte, liegt auf dem Sarkophag Franz' I. Sein Nachfolger, Ferdinand I., ist auf die Seite gestellt, als habe man den unglücklichen Herrscher nicht nur in Geschichtsbüchern, sondern auch in der Kaisergruft der Nichtbeachtung anheimgeben wollen. Die Franz-Josephs-Gruft ist im Jugendstil gestaltet, als sollte nicht nur der Zeitstil dokumentiert, sondern auch die Erwartung ausgedrückt werden, daß die Zukunft, wenn schon nicht dem Reich in der Wirklichkeit, so doch seinem letzten Repräsentanten in der Verklärung gehören würde.

In der Kaisergruft ist die Hoffnung auf Auferstehung der Sterblichen investiert. Im Heeresgeschichtlichen Museum sind Zeugnisse vergangener Größe deponiert – im Glanz wie in der Trübsal der Tradition.

Das Museum wurde als Arsenal, als Zitadelle von Wien und als Zwingburg der Stadt errichtet. Zwei Jahre nach der Niederwerfung der Revolution von 1848 wurde mit dem Bau begonnen. Eine Art k. k. Escorial sollte entstehen, Festung, Kaserne, Waffenlager und Ruhmestempel in einem. Wie der Neo-Absolutismus seinen Herrschaftsanspruch der Vergangenheit entnahm, so suchten sich die zeitgenössischen Architekten – Ludwig Förster und Theophil Hansen – Stilelemente der Kunstgeschichte zusammen, die sie für den Bauzweck geeignet hielten: Maurisches und Byzantinisches. 1856 stand der Komplex aus Gebäuden und Höfen, ärarisch kargen Innenräumen und martialisch dekorierten Fassaden fertig da. 1858 wurde hier Feldmarschall Radetzky aufgebahrt, bevor mit ihm die große Zeit der österreichischen Militärgeschichte zu Grabe getragen wurde.

Im Jahre 1891 wurde im »Objekt I« des Arsenals das k. u. k. Heeresmuseum eröffnet. In der Eingangshalle dienen Generäle aus Stein als Pfeiler des neugotischen Gewölbes; auf das Militär stützte sich die Monarchie. Eine imposante Treppe führt zur Haupthalle im ersten Stock. Sie ist mit Ruhmesbildern der österreichischen Kriegsgeschichte ausgemalt, bietet ein gigantisches Schlachtenfest dar: Flatternde Fahnen, stampfende Rosse, blitzende Säbel, befehlende Feldherren, angreifende Soldaten und fallende Feinde. So stellte sich ein Postumus das Vätererbe vor, beschworen Nachgeborene das große Gestern.

Die Schausammlung beginnt mit der Zeit des Dreißigjährigen Krieges, als sich ein stehendes kaiserliches Heer bildete und erste Lorbeeren sammelte. Die Schlacht bei Lützen wird herausgestellt, in der Wallenstein, der kaiserlich-katholische Feldherr, den protestantischen Schwedenkönig Gustav Adolf besiegte; über den Dank des Hauses Habsburg, das Wallenstein bald darauf aus dem Weg räumen ließ, erfährt man nichts.

Der Küraß des Prinzen Eugen ist zu bewundern, des Edlen Ritters, der Türken und Franzosen schlug, und einiges aus sei-

ner Beute: der Roßschweif eines Paschas, ein türkisches
Prachtzelt, das Siegel des Sultans Mustafa II. Hinter Glas stehen eroberte preußische Fahnen aus dem Siebenjährigen Krieg.
Wie in allen Militärmuseen der Welt wird fast nur an die Siege
und kaum an die Niederlagen erinnert.

Verlorene Schlachten gab es seit Maria Theresia genug: in der
Auseinandersetzung mit Friedrich dem Großen, im Kampf mit
Generälen der Französischen Revolution und mit Kaisern der
Franzosen, Napoleon I. wie Napoleon III. Die Uniformen
blieben strahlend schön; in manchen Sälen des Heeresge-
schichtlichen Museums, in denen lebensgroße Puppen wie
Dressmen posieren, vermeint man in eine militärische Moden-
schau versetzt zu sein.

Die Musik dazu, die alten Märsche klangen fort und fort. An
den Radetzky-Marsch wird erinnert, den Johann Strauß' Vater,
der k. k. Hofballmusikdirektor, als Opus 228 schuf: »zu Ehren
des großen Feldherrn für das Pianoforte komponiert und der
k. k. Armee gewidmet«. Johann Strauß dirigierte ihn zum erstenmal bei einem Volksfest auf dem Wasserglacis, am 15. August 1848. Militärkapellen spielten ihn erstmals am 22. September 1849, auf dem Josefstädter Glacis, bei der für Radetzky, den
Sieger über die italienische Revolution und Bewahrer der österreichischen Herrschaft in der Lombardei und in Venetien, ab-
gehaltenen Parade.

Auf einem Gemälde ist Österreichs populärster Feldherr, Johann Josef Wenzel Graf Radetzky von Radetz, hoch zu Roß zu
sehen, auf dem er freilich eher wie ein nachsichtig gewordener
Pensionist als wie ein befehlsgewohnter General sitzt. Sein Gesicht ist von Rotspon-Patina überzogen, der Schnauzbart gibt
ihm einen melancholischen Akzent, und die Federn am Hut
sind nicht bersaglieri-keck gesträubt, sondern hängen österrei-

chisch-resignativ nach unten. Dem Betrachter kommt Radetz-
kys Ausspruch in den Sinn: »Es wäre schön, Österreicher zu
sein, wenn es nicht so schwer wäre. Wenn es aber nicht so
schwer wäre, wäre es nicht so schön.«

Das Graef-und-Stift-Cabriolet ist ein ungemütlicher Old-
timer. In ihm fuhr am 28. Juni 1914 der Thronfolger Franz Ferdinand durch Sarajewo im österreichisch-ungarischen Bosnien, als ihn die Kugel eines serbischen Attentäters tödlich traf.
In einer Vitrine liegt der blaue Waffenrock mit dem Einschuß-
loch unter dem sternenbesäten Kragen, und dem Schlitz, den
der Arzt hineinschnitt; die Zickzacklinie zeugt von der Aufge-
regtheit des Mediziners wie von der Widerstandsfähigkeit des
k.u.k. Militärtuches. Rostflecken gleichen die getrockneten
Blutstropfen, die ersten des Ersten Weltkrieges.

In altmodischen Guckkästen sind Bilder davon zu sehen, ver-
gilbte Fotografien von Kriegsberichterstattern: Angehörige
des Vielvölkerreiches in Felduniform, wie sie fechten und fallen, und Geschütze, die Salut für die todgeweihte Habsburgermonarchie schießen. Die Grabrede hielt Feldmarschall Conrad
von Hötzendorf:

»Du altes Österreich, schlumm're in Ruh'.
Lorbeer und Eichenlaub decken dich zu.
Wenn sie dich schmähen, laß es geschehen,
Einstens wird man dich besser verstehen.«

Das Schlußwort sprach Karl I. Als der entthronte Monarch mit
der Eisenbahn ins Exil fuhr, seufzte er: »Nach siebenhundert
Jahren«. Nicht ganze siebenhundert Jahre dauerte die Herrschaft der Habsburger in Österreich. 1278 war der erste gekommen, 1919 mußte der letzte gehen.

Am 12. November 1918 war vor dem Parlamentsgebäude in
Wien die Republik ausgerufen worden. Das Vielvölkerreich
wurde auf sieben Staaten aufgeteilt. Aus Stücken wurde die
Tschechoslowakei zusammengesetzt, andere Teile wurden
dem restaurierten Polen und dem neugeschaffenen Jugoslawien
eingefügt, wieder andere an bestehende Staaten wie Rumänien
und Italien angegliedert. Von Österreich-Ungarn blieben ein
amputiertes Ungarn und Deutsch-Österreich, ein kleines Land
»mit den meisten Kilogramm Geschichte pro Quadratmeter«,
wie Salvador de Madariaga bemerkte.

Wien, mit über zwei Millionen Einwohnern die viertgrößte
Stadt Europas nach London, Paris und Berlin, die Kaiserstadt,
die als Zentrale eines Reiches von zuletzt 50 Millionen Ange-
hörigen erbaut und bevölkert worden war, wurde die Hauptstadt eines Kleinstaates von kaum sieben Millionen Einwohnern. Wien glich nun – wie es Zeitgenossen erschien – einem
großen und glänzenden Kaufhaus in einer Gegend, aus der die
meisten Leute weggezogen waren, das von seinen wichtigsten
Lieferanten abgeschnitten wurde und nicht mehr genügend
Kunden fand.

Das Arsenal hatte seinen Zweck verloren, und das Heeresge-
schichtliche Museum seinen Sinn erfüllt. Als Ruhmeshalle habs-
burgischer Waffengeltung und Staatsmacht war es gedacht gewesen, und dabei sollte es auch bleiben: Es wurde nicht mehr mit
Zeugnissen der ersten Republik, des Dritten Reiches, des Zweiten Weltkrieges und der zweiten Republik angereichert.

Das alte Österreich hat nicht nur im Museum, sondern auch im
neuen Wien überdauert. Kaiserliche Gebäude beherbergen re-
publikanische Behörden: Der Bundespräsident residiert wie
Joseph II. in der Hofburg, der Bundeskanzler wie Metternich
am Ballhausplatz. Der Finanzminister ist im Winterpalais des

Prinzen Eugen untergebracht. Vor dem Regierungsgebäude am Stubenring, dem ehemaligen k. u. k. Kriegsministerium, steht das Reiterdenkmal des Feldmarschalls Radetzky, in dessen Lager, wie Franz Grillparzer gedichtet hatte, das alte Österreich gewesen war, und dessen Huldigungsmarsch, gespielt von Deutschmeistern wie Philharmonikern, weiterklingt.

Es blieben Gebäude, Denkmäler – und Menschen. Regierungsrepräsentanten trugen und tragen slawische oder magyarische Namen; die »Swobodas« füllen im Telefonbuch mehrere Seiten. Auch wenn die »Novotnys«, »Buchowieckis«, »Preradovics«, »Molnars«, deren Vorfahren in die Kaiserstadt gekommen waren, längst ihre Muttersprachen verlernt haben – die Wiener Küche ist eine k. u. k. Melange geblieben: mit Szegediner Gulyas, Agramer Schindelbraten, Polnischem Karpfen, Finnoki, Powidltascherln, Kaiserschmarrn und Bauernschmaus.

Vielvölkerreich-Spezialitäten sind gut-bürgerlich in Beiseln zu bekommen, im Hofratsstil in Restaurants der Ringstraßen-Hotels zu genießen. Auch Wiener Kaffeehäuser sind noch anzutreffen, etwa das wiederbelebte – oder, wie man in Wien sagt, revitalisierte – Café Central. »An dieser Stätte der lockeren Beziehungen lockert sich auch die Beziehung zu den Schicksalsmächten«, wußte der Stammgast Alfred Polgar zu rühmen. »Die Drohungen der Ewigkeit dringen nicht durch die Wände des Café Central, und zwischen diesen genießest du die holde Wurschtigkeit des Augenblickes.«

So klingt ein »Verweile doch...« auf Wienerisch. Man möchte den Augenblick weniger deshalb festhalten, weil er so schön ist, vielmehr weil er dem Wiener erlaubt, dem »Zwangsverhältnis zum All in ein pflichtloses, sinnliches Gelegenheits-Verhältnis zum Nichts« zu entschlüpfen.

Der Zentralfriedhof bleibt ihm nicht erspart. Er wurde 1874 an Stelle der Friedhöfe in den Vorstädten auf einer Fläche von fast zwei Millionen Quadratmetern angelegt. Zwischen 1908 und 1911 wurde die Friedhofskirche im Jugendstil erbaut und dem Barockheiligen Karl Borromäus geweiht. In ihr wurde Karl Lueger bestattet, der Bürgermeister, der nicht nur für die lebenden, sondern auch für die toten Gemeindemitglieder gesorgt hatte.

»Leichenzug nach Leichenzug trabt Nachmittag für Nachmittag die Simmeringer Hauptstraße entlang, und zwischen den Leichenzügen fahren Lastwagen, schwer beladen mit herrlichen weißen, mächtig gehörnten ungarischen Ochsen, denen man die Augen verbunden hat, denn sie fahren zur Schlachtbank«, wußte Otto Friedländer von der Jahrhundertwende zu berichten. »Dann rumpeln den Leichenwagen wieder die schwer beladenen Bierwagen der Schwechater Brauerei entgegen.« Denn: »Zwischen Schlachthaus und Brauerei findet der Wiener seine letzte Ruhestätte.«

Heute liegt der Zentralfriedhof zwischen der modernen Großstadt Wien und dem Flughafen, der sie mit aller Welt verbindet. Man fährt durch eintönige, trostlose Vorstadtstraßen, vorbei an Gründerzeitfassaden mit verrußten Steingirlanden, an Arbeiterkasernen aus der ersten Republik, Trutzburgen des »roten« Wien, die Fenster wie Schießscharten haben. Sie werden von Wohnblocks der zweiten Republik abgelöst, die mehr der sozialen Befriedung als der menschlichen Befriedigung dienen. Man sieht Schrebergärten, Gaskessel, die aufgeblasenen Kapellenkuppeln gleichen, und eine Aufschrift: »Habsburg-Automaten-Putzerei«.

Mauern trennen die Metropole der Verstorbenen von der Kapitale der Lebenden. Ein Portal, das wie ein Triumphbogen aussieht, führt in das Reich des Todes. Bei Beerdigungen kann man ein Wiener Lied hören: »Erst wann's aus wird sein, mit aner Musi und mi'm Wein...«. Es gibt Grabmäler für Reiche und Grabsteine für Mitglieder von Sterbevereinen. Jedes Grab ist mehr oder weniger geschmückt, über allen wölbt sich, als Hoffnungszeichen, die Kuppel der Friedhofskirche.

Hochwohlgeboren werden die Leute in Österreich nicht mehr, aber hochwohlgestorben wird da immer noch, sagte Alexander Lernet-Holenia. Der Zentralfriedhof ist die Kapuzinergruft der Wiener.

Zeittafel

1433	Vollendung des Stephansturms
1440	Herzog Friedrich V. wird in Frankfurt zum römisch-deutschen König gewählt und 1452 in Rom als Friedrich III. zum römisch-deutschen Kaiser gekrönt. Seitdem bleiben die römisch-deutsche Kaiser- und Königwürde – mit Ausnahme der Jahre 1742–1745 – bis 1806 beim Hause Habsburg, und Wien bleibt römisch-deutsche Residenzstadt
1469	Wien wird Bischofssitz
1493–1519	Kaiser Maximilian I., der »letzte Ritter«, vereinigt wieder die habsburgischen Lande und gewinnt durch Heirat das burgundische Erbe
1519–1556	Kaiser Karl V. (als Karl I. König von Spanien)
1523	Trotz Verbot lutherischer Schriften Vordringen der Reformation in Österreich
1526	Beendigung der mittelalterlichen Selbstverwaltung Wiens
1529	Erste Belagerung Wiens durch die Türken
1531–1564	Ferdinand I. (zunächst Stellvertreter Karls V. im Reich, Landesherr der deutschen Habsburgerterritorien und König von Ungarn und Böhmen), seit 1531 König und seit 1556 Kaiser
1545–1563	Konzil von Trient. Gegenreformation
1551	Jesuiten werden nach Wien berufen
1598	Der Gegenreformator Melchior Khlesl wird Bischof von Wien
1618–1648	Dreißigjähriger Krieg, der mit dem Aufstand in Böhmen beginnt und mit dem Westfälischen Frieden endet
1627	Ausweisung der protestantischen Prediger und Lehrer aus Wien
1645	Schweden belagern vergeblich Wien
1652	Anti-»Reformationspatent« Kaiser Ferdinands III.
1658–1705	Kaiser Leopold I. Österreich wird europäische Großmacht. Glanzzeit des Barock. Entwicklung vom Ständestaat zum absoluten Staat
1660–1666	Leopoldinischer Trakt der Hofburg
1679	»Die große Pest« in Wien
1683	Zweite Belagerung Wiens durch die Türken. Befreiung

durch ein deutsch-polnisches Heer. Prinz Eugen von Savoyen tritt in österreichische Dienste und wird der führende Feldherr der Gegenoffensive, die für Österreich Gebietsgewinne in Südosteuropa bringt

1701–1714 Spanischer Erbfolgekrieg mit dem Hauptgegner Frankreich. Österreich gewinnt nicht die spanische Krone, aber erhält Mailand und die Niederlande

1711–1740 Kaiser Karl VI.

1716 Johann Lukas von Hildebrandt stellt das »Untere Belvedere« fertig

1716–1739 Johann Bernhard Fischer von Erlach und sein Sohn Joseph Emanuel bauen die Karlskirche

1723–1735 Erbauung der Hofbibliothek durch Joseph Emanuel Fischer von Erlach nach Plänen seines Vaters

1736 Prinz Eugen stirbt im Winterpalais in der Himmelpfortgasse

1740–1780 Maria Theresia, Erzherzogin von Österreich, Königin von Ungarn und von Böhmen. Vermählt mit Franz Stephan von Lothringen, der 1745 römisch-deutscher Kaiser wird. Begründerin eines einheitlichen österreichischen Staates mit der Zentrale Wien

1740–1748 Im Österreichischen Erbfolgekrieg behauptet sich Maria Theresia, verliert jedoch Schlesien an Preußen

1756–1763 Sie kann es im Siebenjährigen Krieg nicht zurückgewinnen

1744–1749 Umbau des Schlosses Schönbrunn durch Niccolo Pacassi

1762 Wolfgang Amadeus Mozart spielt Maria Theresia in Schönbrunn vor

1780–1790 Alleinregierung Josephs II. in Österreich. Reformen im Zeichen des aufgeklärten Absolutismus. Erwerb Galiziens und der Bukowina. Seit 1765 Kaiser

1791 Im Todesjahr Mozarts wird seine Oper »Die Zauberflöte« in Wien uraufgeführt

1792 Franz II. römisch-deutscher Kaiser. Proklamiert sich 1804 als Franz I. zum Kaiser von Österreich (bis 1835) und entsagt 1806 der römisch-deutschen Kaiserwürde. Regiert patriarchalisch-absolutistisch

1798	Das Oratorium »Die Schöpfung« von Joseph Haydn wird im Palais Schwarzenberg in Wien uraufgeführt
1805	Premiere der Oper »Fidelio« von Ludwig van Beethoven in Wien
1805	Kaiser Napoleon I. – vor der Dreikaiserschlacht bei Austerlitz – in Wien
1809	Österreich erhebt sich gegen Napoleon I. Erzherzog Karl siegt bei Aspern und verliert bei Wagram. Der Kaiser der Franzosen diktiert den Frieden von Wien
1809–1848	Klemens Lothar Wenzel Fürst von Metternich Leiter der österreichischen Politik
1813–1815	Österreich nimmt an den Befreiungskriegen gegen Napoleon I. teil
1814–1815	Wiener Kongreß. Restauration des österreichischen Kaiserreiches und des europäischen Staatensystems. Wiedergewinn von Galizien, Salzburg, Tirol, der Lombardei und Venetiens, Verlust Vorderösterreichs und der Niederlande
1815	Gründung des Deutschen Bundes (mit Österreich als Präsidialmacht) und der Heiligen Allianz
1817	Das Schauspiel »Die Ahnfrau« von Franz Grillparzer wird in Wien uraufgeführt
1822	Sinfonie H-Moll »Die Unvollendete« von Franz Schubert
1833	Premiere des »Lumpacivagabundus« von Johann Nestroy
1834	Premiere »Der Verschwender« von Ferdinand Raimund
1835	Ferdinand Waldmüller porträtiert die Familie Eltz
1835–1848	Kaiser Ferdinand I.
1844	Adalbert Stifters Skizzensammlung »Wien und die Wiener«
1848	Revolution im Kaiserreich Österreich. Entlassung Metternichs. Konstituierender Reichstag in Wien. Radetzky schlägt den italienischen und Windischgrätz den Wiener Aufstand nieder. Schwarzenberg Ministerpräsident
1848–1916	Kaiser Franz Joseph I. (geboren 1830 in Schönbrunn). Regierte zunächst absolutistisch

1849   »Oktroyierte Verfassung«. Niederwerfung Ungarns und Beendigung der Kämpfe in Italien

1850   Baubeginn des Arsenals in Wien (Heeresgeschichtliches Museum)

1856   Die Votivkirche wird von Heinrich Ferstel begonnen

1857   Kaiserliches Dekret zur Schleifung der Basteien. Beginn der baulichen Ausgestaltung der Wiener Ringstraße

1859   Österreich verliert den Krieg gegen das Frankreich Napoleons III. und die italienische Einigungsmacht Sardinien-Piemont. Abtretung der Lombardei

1861–1869   Bau der Oper durch August Siccard von Siccardsburg und Eduard van der Nüll

1864   Österreich gewinnt an der Seite Preußens den Krieg gegen Dänemark

1866   Deutscher Krieg: Die Preußen schlagen die Österreicher bei Königgrätz. Auflösung des Deutschen Bundes. Austritt Österreichs aus dem deutschen Staatenverband. Abtretung Venetiens an das mit Preußen verbündete Italien

1867   »Ausgleich« mit Ungarn: Reichsteilung, Doppelmonarchie Österreich-Ungarn

1867   Der »Donauwalzer« von Johann Strauß (Sohn) erklingt zum erstenmal

1870–1871   Österreich bleibt im Deutsch-Französischen Krieg neutral

1871   Vergebliche Ausgleichsverhandlungen mit den Tschechen

1872–1888   Bauten an der Ringstraße: Hofmuseen (Gottfried Semper und Karl Hasenauer), Rathaus (Friedrich von Schmidt), Parlament (Theophil Hansen), Universität (Heinrich Ferstel), Burgtheater (Gottfried Semper und Karl Hasenauer)

1873   Weltausstellung in Wien. Börsenkrach

1874   Eröffnung des Zentralfriedhofes

1879   Zweibund zwischen Österreich-Ungarn und dem Deutschen Reich. Okkupation von Bosnien und der Herzegowina

1879   Festzug zur Feier der Silbernen Hochzeit von Kaiser

Franz Joseph und Kaiserin Elisabeth, gestaltet vom Maler Hans Makart

1889	Selbstmord des Kronprinzen Rudolf in Mayerling
1892	Das Schauspiel »Anatol« von Arthur Schnitzler im Druck, erst 1910 in Wien uraufgeführt
1897	Gründung der »Vereinigung bildender Künstler Österreichs Secession«
1897–1910	Dr. Karl Lueger Bürgermeister von Wien, das sich zu einer modernen Großstadt entwickelt
1898	Ermordung Kaiserin Elisabeths in Genf
1899	Siegmund Freud veröffentlicht seine »Traumdeutung«
1900–1903	Gustav Klimts Bilder für die Wiener Universität
1904	Otto Wagner beginnt im Wiener Jugendstil mit dem Bau des Postsparkassenamtes und der Kirche am Steinhof
1907	Erste allgemeine und freie Wahlen in Österreich (nur Männer)
1908	Annexion Bosniens und der Herzegowina. Außenpolitische Krise. Zunehmende Spannungen mit dem panslawistischen und imperialistischen Rußland
1911	»Jedermann« von Hugo von Hofmannsthal. Von ihm auch das Buch zur Oper »Der Rosenkavalier« von Richard Strauß, die in diesem Jahr in Dresden uraufgeführt wird
1913	Fertigstellung der »Neuen Burg«
1914	Thronfolger Franz Ferdinand und seine Gemahlin werden in Sarajewo von einem serbischen Attentäter ermordet. Beginn des Ersten Weltkrieges. Tod der Pazifistin Bertha von Suttner und Selbstmord des Dichters Georg Trakl
1916	Kaiser Franz Joseph I. stirbt nach achtundsechzigjähriger Regierungszeit in Schönbrunn und wird in der Kapuzinergruft bestattet. Sein Großneffe regiert als Karl I. bis 1918, stirbt 1922 im Exil auf Madeira
1918	Ende der Habsburgermonarchie. Österreich-Ungarn wird auf sieben Staaten aufgeteilt. Wien ist Hauptstadt der Republik Österreich, die 1938 im Hitlerreich aufgeht und 1945 neu ersteht

Franz Herre

Bismarck
Der preußische Deutsche
Leinen. Mit zahlreichen Photographien

Die Amerikanische Revolution
Geburt einer Weltmacht
Leinen

Freiherr vom Stein
Sein Leben – seine Zeit
Leinen

Metternich
Staatsmann des Friedens
Leinen

Radetzky
Eine Biographie
Leinen

Kiepenheuer & Witsch

Herbert Rosendorfer
Rom
Eine Einladung

KiWi 224

Diese Einladung nach Rom, die aus lauter Abschweifungen
zu bestehen scheint, ist ein Intensivkurs besonderer Art. Mit
seiner Kennerschaft und Lust, Orte und Zeiten plaudernd
miteinander zu verbinden, führt Rosendorfer immer tiefer in
das Geheimnis dieser Stadt, die »seit zweitausend Jahren *die
Stadt*, die Mutter, die Seele, das Herz der Welt ist.«

KiWi Paperbackreihe bei Kiepenheuer & Witsch

Bettina Dürr
Die Apfelsinenschlacht

Volksfeste in Italien
Ein Reise-Lesebuch mit Terminen, Adressen und Tips

KiWi 234

Dieses Buch bietet dem Touristen und dem Daheimgebliebenen eine spannende Lesereise zu den italienischen Volksfesten und informiert über Termine, Veranstaltungen, Übernachtungsmöglichkeiten sowie kulinarische Extras.

KiWi Paperbackreihe bei Kiepenheuer & Witsch

Camilla Cederna
Reise in die Geheimnisse Italiens
Ein Reisebuch

Titel der Originalausgabe:
Casa nostra. Viaggio nei misteri d'Italia
Aus dem Italienischen von Martin Schneebeli
und Ulrich Hartmann

KiWi 134

Es gibt wohl kein vergleichbares Buch über das Reiseland Italien, das dem Leser auf so spannende und unterhaltsame Weise Einblick »hinter die Kulissen« eines Landes eröffnet, das trotz der jährlichen Touristenströme auch immer noch ein unbekanntes Land ist.
Wer von Italien mehr kennenlernen möchte als die üblichen Baudenkmäler, Museen und Urlaubsorte, sollte auf diese Lese-Reise von Norditalien bis Sizilien nicht verzichten.

»Der Leser erfährt Dinge in diesem Buch, die sich ihm selbst als gut informierten Touristen verschließen . . . Camilla Cederne konfrontiert den Italienliebhaber mit aufregenden Beobachtungen und Innenansichten der italienischen Gesellschaft. Wer seine nächste Italienreise plant, dem ist dieses Buch unbedingt zu empfehlen.« *Süddeutscher Rundfunk*

KiWi Paperbackreihe bei Kiepenheuer & Witsch